읽기능력이
중학교
성적을
좌우한다

# 읽기 능력이
# 중학교 성적을 좌우한다

**초판 1쇄 발행** 2014년 10월 15일

**지은이** 신성일
**펴낸이** 이지은
**펴낸곳** 팜파스
**진행** 이진아
**편집** 정은아
**디자인** 박진희
**마케팅** 정우롱
**인쇄** (주)미광원색사

**출판등록** 2002년 12월 30일 제10-2536호
**주소** 서울시 마포구 어울마당로5길 18 팜파스빌딩 2층
**대표전화** 02-335-3681 | **팩스** 02-335-3743
**홈페이지** www.pampasbook.com | blog.naver.com/pampasbook
**이메일** pampas@pampasbook.com | pampasbook@naver.com

값 12,000원
ISBN 978-89-98537-66-1 43370

이 도서의 국립중앙도서관 출판시도서목록(CIP)은 서지정보유통지원시스템 홈페이지
(http://seoji.nl.go.kr)와 국가자료공동목록시스템(http://www.nl.go.kr/kolisnet)에서
이용하실 수 있습니다.(CIP제어번호: CIP2014026893)」

# 읽기능력이 중학교 성적을 좌우한다

신성일 지음

팜파스

# 하루 10,000개 이상의
# 어휘를 읽어라

상위권 이상의 성적을 기대한다면 하루 평균 10,000개 이상의 어휘를 꾸준히 읽어야 한다. 학교 수업과 학원 수업에서 읽은 어휘는 뺀 숫자다. 방학 때는 매일 20,000개 이상의 어휘를 습득해야 한다. 읽기에서 중요한 것은 다음 두 가지이다.

첫째, 읽는 시간을 충분히 확보해야 한다.
둘째, 제대로 읽어야 한다.

이렇게 공부는 읽는 시간과 읽는 방법이 중요하다. 예습도 복습도 읽기가 대부분을 차지한다. 시험은 말할 필요도 없다. 수업도 듣기와

읽기를 잘해야 한다. 읽기가 안 되면 공부의 발전은 없다.

읽기 능력을 높이기 위해서 각 장의 핵심 내용은 다음과 같다.

Part 01은 읽기와 읽기 능력의 차이와 읽기 능력이 왜 중요한지에 대해 초점을 맞추어 정리했다. 수업시간에 수업 내용을 이해하는 힘도 결국 읽는 힘에 좌우된다. 책 읽는 방법과 교과서 읽는 방법의 차이점도 설명했다. 텍스트를 읽을 때 키워드와 주제찾기의 중요성에 대해 실제 예문으로 이해를 도왔다. 읽기 능력이 좋다는 것은 글을 읽을 때 텍스트 이해보다는 텍스트의 의미를 이해하는 데 있다. 그러한 의미들을 이해하고 오래 기억하는 방법으로 상상화(이미지화)의 중요성을 소개했다. 마지막 주제로 책과 교과서를 읽을 때, 읽기 과정이 중요하고 무엇이 필요한지를 강조했다. 또한 읽기의 4단계도 소개했다.

Part 02는 읽기 능력과 관련해서 국어 작품 읽기 방법에 대해서 집중적으로 설명했다. 국어의 중요성이 커짐에 따라 각 학년별로 어떤 부분에 집중해서 읽을 것인가에 대해서 정리했다. 독해에서 중요한 문맥 파악 방법도 이해하기 쉽게 사례문을 통해 설명했다. 또한 교과서에 등장하는 작품들을 체계적으로 읽는 방법도 제시했다. 학생들에게 가장 취약한 부분은 어휘이다. 어휘는 단어와 용어를 구분해서 정리해야 한다. 한 편의 글이란 어휘에서 시작해서 문장, 문단 간의 긴밀한 관계로 이루어진다. 어휘에 대해서는 교육과학기술부에서 제시한 근거를 기본으로 해서 중학교 읽기 공부를 어떻게 할 것인지 체계적으로 정리했다. 또한 읽기 능력에서 중요한 한자 공부 방법과 '국어능력인증시험'에 대해서도 설명하고 있다.

Part 03은 읽기 능력의 심화 과정이라고 할 수 있다. 글을 읽어 가면서 중심 내용과 보충 내용으로 핵심을 파악하는 방법을 알아보았다. 다양한 제시문과 늘어난 양으로 빠른 독해가 필수로 되어 버린 최근의 시험 경향에 맞춰 패스트 리딩하는 방법과 학생들이 어려워하는 문제 형태인 추론문제를 해결하는 방법도 설명했다. 그밖에 공부하는 학생이면 반드시 해야 하는 것이 예습, 복습이다. 읽기 전략을 통해 예습, 복습을 함으로써 성적을 올리는 방법도 알아보았다. 끝으로 읽기를 잘한다는 것은 교과서와 책만 읽는 행위가 아니다. 신문, 잡지 등의 다른 읽기활동과 방송 등의 보는 활동 그밖에 쓰기활동도 필요하다. 논술의 개요 짜기를 Tip으로 소개했다.

Part 04는 과목별로 읽기 능력을 높이는 핵심 포인트를 정리했다. 영어, 수학, 역사, 과학, 사회 과목의 읽기 방법은 달라야 한다. 이 방법에 대해 장황하지 않게 핵심만 정리해서 이해하기 쉽도록 설명했다.

읽기에서 학생들이 어려워하는 부분은 어휘, 의미 이해, 맥락 파악, 추론 등이다. 이 부분에 강해져야 한다. 이를 위해서 목적에 따른 읽기를 하면서 독서도 많이 하자. 그리고 교과서 읽기를 제대로 실천해서 교과서도 정복해 나가야 한다. 여기에 한자도 익히고, 국어능력인증시험, 경제이해시험, 한국사능력시험에 도전해 보자. 이러한 시험들은 너무 욕심내지 말고 학교 공부와 연계해서 읽고 이해하면서 한발 한발 전진하면 된다.

지은이 신성일

# 목차

읽기 전에
하루 10,000개 이상의 어휘를 읽어라 * 4

Part 01 | 읽기 능력이
수업 태도를 바꾼다

01 학년마다 달라지는 공부 난이도, 읽는 힘을 키워야 한다 * 14
   TIP 읽기 능력에 바탕이 되는 유용한 독서 방법 * 27

02 핵심어로 내용의 흐름을 파악하고 주제의 연결을 이해하자 * 31
   TIP 좋은 책과 나쁜 책 * 42

03 탁월한 읽기 능력은 텍스트의 의미를 이해하는 데 있다 * 44

04 언더라인, 기호, 메모, 필사를 통한
   적극적인 활동과 읽기의 4단계 * 59
   TIP 읽기의 주인공이 되어야 읽기 능력이 향상된다 * 70

# Part 02 읽기 능력의 기반은 국어다

**01** 국어 실력이 전 과목 공부흥미를 좌우한다 * 74

**02** 교과서 작품을 여러 번 읽고, 깊이 있게 생각해서
독해력을 길러라 * 96

**03** 교과서에 등장하는 국어작품 읽기 방법을
제대로 실천하라 * 106

**04** 가장 기본이 되는 어휘공부, 단순하게 하지 마라 * 112

**05** 단어, 문장, 문단의 긴밀한 관계를 파악하고 이해하라 * 123

**06** 자투리시간의 3분의 1은 한자공부에 투자하라 * 132

**07** 내신과 언어 능력에 도움이 되는
'국어능력인증시험'에 도전하라 * 137

Part 03

정확히 빨리 읽는 능력을 키워
10분 전에 시험을 끝내자

**01** 문장 쪼개기로 텍스트 이해를 쉽게 하자 * 146

**02** 시험에 강해지는 속도를 높이는 읽기 전략 * 154

**03** 추론적 이해 능력을 키워야 독해와 문제해결이 쉬워진다 * 161

**04** 시험 대비를 위한 예습 · 복습 읽기 전략 * 169

**05** 다양한 학습활동이 선행되고 연계되어야 한다 * 176

**TIP** 읽기 능력에 도움이 되는 논술 개요 짜기 * 184

Part
04

전 과목 만점을 위한
읽기 능력 핵심 포인트

01 영어–독해를 잘하는 방법과
끊어 읽기로 읽기 능력을 높이자 * 192

02 수학–뜻과 성질을 반복해서 읽고
활용, 수식, 연산에 강해져야 한다 * 201

TIP 읽기 능력을 향상시키기 위해서
'청소년 경제이해력 시험'에 도전하라 * 206

03 역사–관계를 이해하고 종합하는 읽기를 하자 * 210

TIP 한국사능력검정시험 * 219

04 과학–현상에 주목하고
원리와 법칙을 알아가는 읽기를 하자 * 222

05 사회–현상을 이해하고
문제해결을 중심으로 읽기를 하자 * 227

TIP 사회 · 역사공부와 노트정리 * 230

읽고 나서
읽기 능력은 과거 성적을 바꿀 수 없지만 미래 성적은 바꿀 수 있다 * 234

'One for All, All for One'

전부를 위한 하나, 하나를 위한 전부.

오래 전부터 서양에서 많은 사람의 입에 오르내렸던 말이다.

이 말은 프랑스 소설 『삼총사』에 나오는 유명한 대사다.

읽기 능력도 마찬가지다.

"읽기 능력은 모든 과목을 위해 존재하고,

모든 과목은 읽기 능력을 위해 존재한다."

이 정도로 읽기 능력은 중요하다.

# Part 01

# 읽기 능력이
# 수업 태도를
# 바꾼다

뛰어난 운동선수가 되기 위해서든, 훌륭한 화가가 되기 위해서든, 세계적인 음악가가 되기 위해서든 다음 세 가지가 필요하다고 한다.

첫째, 타고난 소질이 있어야 한다.
둘째, 바람직하고 적절한 조기교육이 있어야 한다.
셋째, 빈틈없는 노력을 해야 한다.

이것은 공부에서도 어느 정도 통용되고 있다. 하지만 이미 중학생인 여러분에게 지금 시점에서 절대 필요한 건 소질도, 조기교육도 아닌 빈틈없는 노력이다. 여기에서 답을 찾아야 한다. 청소년기의 공부는 읽기, 듣기, 쓰기, 말하기의 4대 영역을 필요로 한다.

공부 잘하는 중학생이 되고 싶다면 4대 영역 중에서 무엇이 가장 중요할까? 굳이 구분하자면 쓰기, 말하기보다는 읽기와 듣기다. 그 중에서도 읽기가 가장 중요하다.

그럼 읽기가 왜 중요할까?

읽기는 다른 세 가지를 잘하기 위해 기본이 되는 영역이다. 수업을 듣고 이해하는 힘도, 내 생각을 담아 쓰는 활동도, 다른 사람에게 내 머릿속의 지식을 전달하는 말하기도 사실상 읽는 힘이 바탕이 된다. 읽기를 열심히 하면 듣기, 쓰기, 말하기도 잘한다. 하지만 읽기가 소홀해지면서 교과서를 읽을 때, 수업을 들을 때, 글을 쓸 때, 배운 것을 설명할 때 힘들어하는 학생들이 점점 많아지고 있다. 수업시간에 수업 내용을 알아듣지를 못해 선생님들도 가르치는 데 애를 먹고 있다. 이것이 우리 학교 수업의 현실이다.

교과서나 책을 읽고 또는 수업을 들으면서 빠르게 이해하는 능력은 아주 중요하다. 학년이 올라갈수록 학습량이 많아지기 때문에 읽기 능력은 더욱 요구된다. 이해가 안 되면 집중도, 기억도 힘들어진다. 공부를 잘한다는 의미는 기본적으로 어휘의 뜻을 아는 것부터 문장과 문맥을 이해하고 전체 내용의 흐름을 이해하는 읽기 능력이 토대가 된다. 이것은 어느 과목에서나 마찬가지다. 각 과목마다 기본

바탕이 잘 되어 있으면 점차 난이도가 높아져도 이해하는 데 크게 힘들지 않다. 어렵지 않게 따라갈 수 있다. 문제는 기본이 잡혀 있지 않을 때 계속 수준 높은 내용을 대하면 버거워하고 힘들어하면서 나중에는 포기하게 된다는 사실이다.

대체로 읽기 능력이 안 되어 있는 중학생들은 학년이 올라갈 때마다 점점 공부하기를 싫어한다. 어휘력이 약한데다가 내용이 조금만 어려워지면 행간의 의미를 이해하고 파악하는 독해 능력이 안 되기 때문이다. 주변의 학생들만 봐도 그렇다. 1학년 때보다는 2학년 때, 2학년 때보다는 3학년이 되면서 학습에 흥미를 잃어가는 학생들을 종종 보게 된다. 학습 내용은 점점 어려워지는 데 그것을 따라가는 읽기 능력이 안 되기 때문에 쉽게 받아들이기 어려워지는 것이다. 그 이유의 대부분은 머릿속에 학습 내용을 이해하고 연결할 수 있는 단서들이 부족해서다. 단서란 내용을 이해하거나 문제를 풀고 해결할 수 있는 실마리라고 할 수 있다. 학습 능력은 이 단서의 많고 적음에 따라서 차이가 난다.

내용의 이해를 위해 연결할 수 있는 단서들이 충분해야 다소 어려운 글을 보더라도 해결하려는 의지도 생기고, 생각하면서 읽게 된다. 단서들이 부족하면 학습 진도도 더디게 나가고, 그러다 보니 학습량도 부족해지고, 결국 학습 이해력이 떨어지게 되는 악순환이 반복된다. 그렇다면 이러한 단서들을 어떻게 풍부하게 할 수 있을까? 교과

공부를 잘하기 위해서 기본이 되어야 하는 것이 읽기 능력이고, 이러한 읽기 능력을 갖추기 위해서 기본적으로 다음 세 가지, 즉 독서, 독해, 독후활동의 삼독(三讀)을 갖추어야 한다.

첫째는 독서다. 독서는 단서들을 풍부하게 해 준다. 이것은 사고의 힘이 된다.

둘째는 독해다. 단순한 읽기가 아니라 주제 이해하기, 텍스트의 의미 이해하기, 예측하며 읽기, 배경 파악하기, 맥락과 추론 능력 기르기 등 심오한 독해활동이 요구된다.

셋째는 독후활동이다. 대표적인 것이 독후감 쓰기, 논술, 노트 정리이다. 대부분의 학생들이 독후감을 잘못 이해하고 있다. 독후감은 책을 읽고 나서 나에게 해야 할 질문과 책 읽는 과정에서의 밑줄 긋기, 메모 등이 바탕이 되어야 한다. 하지만 이 과정 없이 대부분의 학생들은 책을 읽고 단순히 느낀 점을 기록한다. 독서 과정에서 메모의 중요성은 뒤에서 자세하게 다룰 것이다. 이러한 독서 과정에서의 활동, 독서 후의 적합한 활동은 이후의 연속되는 읽기활동에 큰 도움을 준다.

## 읽기 능력을 갖추기 위한 세 가지 요소

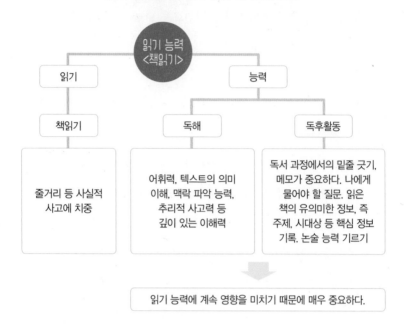

일반적으로 책을 읽을 때와 교과서를 읽을 때는 여러 면에서 차이가 있다. 특별한 경우가 아니라면 대체로 책은 한 번 읽는 경우가 대부분이다. 그렇기 때문에 한 번 읽을 때 잘 읽어야 한다. 책을 어떻게 읽느냐에 따라서 읽기 능력에 큰 차이가 생긴다. 책읽기는 어휘력, 독해력, 사고력을 높여 준다. 뒤에 나오는 교과서 읽기보다 책읽기가 이러한 능력을 높여 주는 것이 사실이다. 일반적으로는 그렇다. 이런 이유로 일반적으로 독서활동이 교과활동에 영향을 미친다. 따라서 중학생이라고 독서활동을 게을리 해서는 안 된다.

책읽기와 비교해 보면 교과서는 반복해서 여러 번 읽는다. 교과서를 반복해서 보는 주된 이유는 시험을 보고 평가를 받아야 하기 때문이다. 성적이라는 성과를 위해서, 교과서 읽기는 학습 내용 파악과 핵심 정보 이해가 관건이다. 즉 무엇을 얘기하고 싶은지를 알아야 하고, 그것에 대한 핵심 정보를 자세하게 이해해야 한다. 그러면서 이미지 자료와 읽기 자료 해석을 잘해야 만점이 가능하다. 이러한 차이점으로 인해서 책과 교과서 읽기 방법이 다르다. 앞의 책읽기와 비교하며 다음 표를 보자.

### 교과서 읽기 방법

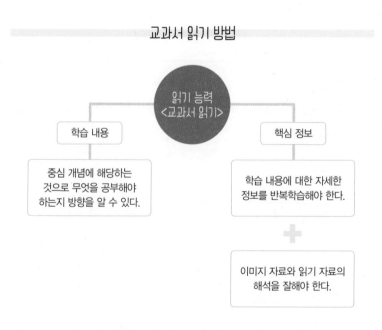

읽기 능력
<교과서 읽기>

학습 내용
중심 개념에 해당하는 것으로 무엇을 공부해야 하는지 방향을 알 수 있다.

핵심 정보
학습 내용에 대한 자세한 정보를 반복학습해야 한다.

이미지 자료와 읽기 자료의 해석을 잘해야 한다.

이러한 교과서 읽기의 구체적인 내용은 다음 주제부터 다룰 것이다. 우선 읽는 힘을 키우기 위한 책읽기 방법부터 알아보자. 삼독, 즉, 책을 읽기 전, 책을 읽으면서, 책을 읽고 난 후에 해야 하는 활동들을 알고 읽으면 훨씬 효과적인 독서가 된다고 강조했다. 하지만 대부분의 중학생들은 이러한 것을 무시하고 그냥 책을 읽는다. 효과적인 책읽기 방법을 알고 실천하면 그것이 곧 교과 학습 능력으로 이어지게 된다. 앞으로 자세하게 설명하겠지만 내용을 간략히 정리해 보면 다음과 같다.

효과적인 책읽기 방법

| 어떻게 책을 읽을 것인가? | 책을 읽기 전 | 훑어보기 |
| 책을 읽으면서 | 상상과 생각을 동원한 의미의 이해 |
| 책을 읽고 난 후 | 질문하기, 기록하기 |

일단 이 정도만 이해하도록 하자. 그렇다면 한 가지 궁금증이 생긴다. '읽기와 읽기 능력의 차이점은 무엇인가?'이다. 구분해 보자면 읽기는 초등학생 수준이고, 읽기 능력은 중학생 이상의 수준을 의미한다. 단순한 읽기 수준을 벗어나지 못하고서는 중학교 학습을 따라가기 힘들다. 다시 강조하지만 읽기가 단순히 책읽기를 의미한다면, 읽기 능력은 깊이 있는 독해와 글을 읽은 후의 중요 활동인 정리 능력이

함께 필요하다. 이제 삼독(三讀) 중에서 독서부터 차근차근 살펴보자.

첫째, 읽기 능력은 책읽기, 즉 독서가 바탕이 되어야 한다.

책을 많이 읽으면 읽을수록 머릿속에 단서들을 충분히 갖추게 된다. 즉 읽어서 바로 이해하고, 들어서 바로 알 수 있게 된다. 그러면 교과서를 읽을 때나 수업을 들을 때 어려움이 없게 된다. 하지만 많은 학생이 중학교에 진학하면서 책 읽는 양이 급격히 줄어든다. 그 이유는 공부 때문이고, 책읽기를 공부라고 생각하지 않는 분위기가 강해서 그렇다.

학생들에게 이런 질문을 많이 던진다. "ㅇㅇ아, 무엇을 좋아하니?" 평소에 좋아하는 게 무엇인지 학생들의 순간반응을 살피기 위해서다. 이때 학생들의 대답은 가지각색이다. "뭘 좋아하냐라니요?"라고 반문하는 학생도 있고 "없어요."라고 시큰둥하게 대답하는 학생도 있다. 그밖에 게임, 카톡, 요리, 운동 등 다양하다. 이런 학생도 있었다. 지금까지 들은 내용 중에 아주 재미있는 대답이었다. "저는요. 면류는 스파게티, 떡볶이를 좋아하고요. 고기는 삼겹살보다는 갈비를 좋아해요."라고 웃으며 말했다. 이 학생은 좋아하는 것을 질문 받았을 때 바로 음식이 떠오른 것이다. 즉 이 학생의 머릿속 구조는 '좋아하는 것 = 음식'이 된다. 이렇게 대답하는 학생도 있었다. 사실상 듣고 싶은 대답이었다. "선생님, 저는 책 읽는 거 좋아해요. 환경에 관심이 많아서 과학과 환경 관련 책들을 즐겨 읽었는데요. 요즘에는 고전도 재미있더라고요."

　이 학생처럼 책읽기를 좋아하는 학생은 아주 어쩌다 한 명씩 만나게 된다. 학생들의 대답을 통해 요즘 학생들이 얼마나 책과 멀리 하면서 사는지 알 수 있었다.


　공부의 시작도, 공부의 끝도 읽기다. 책읽기가 으뜸이다. 독서 뇌와 공부 뇌는 같기 때문에 책읽기를 많이 하면 할수록 공부 뇌가 활성화 된다. 독서 능력은 전 과목의 성적에 영향을 미친다. 독서는 공부가 아니라는 인식은 이제 접어야 한다. 자기주도 학습전형으로 선발하는 대부분의 특목고에서 1단계는 서류, 2단계는 면접이다. 자기계발계획서에 독서활동에 대한 서술 부분이 따로 있어 독서의 중요성을 강조하고 있다. 또한 현행 입시에서 자소서(자기소개서)의 중요성이 커지고 있다. 고입 자기주도 학습전형과 대학 입학사정관전형에서는 자기소개서가 중요한 평가 요소다. '감명 깊게 읽은 책'을 묻는 질문이 빠지지 않는다. 당장 내년에 고등학교 교과목으로 고전(古典) 과목이 신설될 예정이다.

　더 나아가서, 2015년에 연세대학교 '인문학인재전형(102명)'이 신설된다. 고려대학교에서도 '융합형인재전형(280명)'이 신설된다. 이렇듯 입시의 흐름을 볼 때, '인문학 배경 지식'이 중요해졌다. 이런 사실들은 무엇을 뜻하는 것일까? 모든 것은 하나, 읽기의 중요성이다. 시간을 가지고 준비해야 하기 때문에 초등학교 6학년 겨울방학 이후부터 중학교 전 기간에 걸쳐 차근차근 대비를 해 나가야 한다.

둘째, 읽기 능력은 독해력이 바탕이 되어야 한다.

책읽기와 관련해서 세 종류의 학생이 있다. 책을 거의 읽지 않는 학생, 책을 많이 읽지만 제대로 읽지 않는 학생, 한 권을 읽더라도 제대로 읽어 읽기 능력을 높이는 학생이다.

1. 책을 안 읽는 학생은 어휘력도 부족하고 생각의 힘도 약하고 사물과 현상을 보는 시야도 좁다. 무엇보다 읽기 능력이 떨어지면 당연히 학습 능력도 떨어진다.
2. 이 책, 저 책 많이 읽더라도 제대로 읽지 않아서 시간 대비 안 읽는 것만 못한 경우도 있다. 한 달에 몇 권의 책을 읽었다는 양이 중요한 것이 아니다.
3. 가장 바람직한 학생은 책읽기 과정과 독서 후의 활동을 통해 읽기 능력을 높이는 학생이다.

똑같은 양의 글을 읽고 똑같은 시간 동안 글을 읽었는데 결과가 다른 것은 무엇 때문일까? 그것은 독해, 즉 이해력의 문제다. 초등학생때의 읽기와는 다른 고급스럽고 유능한 방법으로 글을 읽어야 한다. 정확하고 빠른 독해 능력을 갖추어야 한다. 독해 능력은 중학생 때 끝내야 고등학교에 가서 구멍이 안 생긴다.

아직도 초등학생 수준인 독(讀)에서 벗어나지 못해 눈으로 읽고 머리로 이해하지 못하는 학생들이 많다. 단순 읽기가 아닌 실질적인 읽기 능력을 키워야 한다. 축구에서 뛰지 못하면 아무 소용이 없는 것처럼 공부에서 읽기 능력이 부족하면 공부에 뒤처질 수밖에 없다. 텍스트를 장악하는 학생이 학업도 미래도 주인공이 된다. 그런 의미에서 깊이 있는 독해력은 필수적이다.

독해력의 기반인 어휘력과 맥락 파악은 2장에서, 추론 능력은 3장에서 자세하게 다룰것이다.


셋째, 읽기 능력은 독서 후 활동이 바탕이 되어야 한다.

독서 후에 꼭 해야만 하는 활동이 있다. 바로 질문이다. 책을 읽고 나서 꼭 스스로에게 던져야 할 질문이 있다. 이러한 질문 없이 또 다른 책을 찾아 읽는 것은 절반의 독서밖에 안 된다. 예를 들면 중학생들이 즐겨 읽는 제롬 데이비드 샐린저의 『호밀밭의 파수꾼』을 예로 들어보자. 이 책을 읽고 나서 '홀든, 뭐 이런 애가 다 있어? 세상을 삐딱하게만 보고.'라고 느끼게 되거나, 아니면 '난 홀든의 마음을 충분히 이해할 수 있어. 세상은 너무 위선적이야.'라고 느낄 수도 있다. 그런 다음에 꼭 해야 할 일은 '그럼 이제부터 나는 어떤 생각을 하고 어떤 행동을 하며 살아야지?'를 생각해야 한다. 이런 물음을 스스로에게 던질 때 아주 좋은 독서 습관을 가지고 있다고 할 수 있다.

하나 더 예를 들면, 라이너 마리아 릴케의 『젊은 시인에게 보내는 편지』라는 작품이 있다. 아주 유명한 작품이다. 편지 형식이라 약간 지루할 수도 있겠지만, 웬만한 중학생이 읽기에도 부담 없는 책이다. 이 책이 어떤 책인지 내용을 들었거나 혹은 책을 읽고 나서 "100여 년 전에 한 시인이 젊은이에게 보내는 10통의 편지를 읽는 것이 지금 나에게 무슨 도움을 주는 거야?"라고 말한다면 책을 잘못 읽은 것이다. 읽고 나서 이 책의 주제의식을 느끼면서 '그럼 이제부터 나는 어떤 생각을 하고 어떤 행동을 하며 살아야지?'를 스스로에게 물어보자. 책을 읽고 단순히 줄거리를 안다는 것은 책을 잘못 읽는 습관이다. 어떤 책을 읽든 '나는 어떻게 살까?', '나는 어떤 행동의 변화를 필요로 하지?'라는 질문을 나에게 던질 수 있어야 한다. 이것이 책을 읽고 나서 해야 하는 아주 중요한 물음이자, 습관이다.

## 책을 읽고 나서 나에게 하는 질문

책을 읽고 나서 해야 할 질문 ▷ 어떤 생각을 하고, 어떤 행동을 하며 살아야 하지?

이렇게 스스로에게 질문하고 깨우친 답과 함께 독서 과정에서 밑줄치고 메모해 두었던 내용을 중심으로 종합적으로 정리해야 한다.

책 내용과 느낌에 대해서 기록해 놓자. 그것이 독서기록장의 형태든, 아니면 나만의 독서노트든 형식은 상관없다. 책의 줄거리, 특정 내용의 느낌, 사회적 배경, 공감, 비판, 기억해 두면 좋을 문장 등 필요하다고 생각되는 내용은 모두 기록하자. 이렇게 기록해 두면 나중에 다 쓸모가 생기는데, 가장 중요한 나만의 포트폴리오가 된다.

문학은 배경, 인물, 사건 위주로 기록해 둔다. 비문학은 머리말과 마무리 글을 꼭 읽어 보고 핵심 정보, 즉 주된 설명과 주된 주장 위주로 기록해 둔다. 학교에 제출할 독후감이라면 기록한 내용을 바탕으로 형식에 맞게 정리해서 제출하면 된다. 아울러 논술을 쉽게 쓸 수 있는 개요 짜기 방법은 Part 03에서 Tip으로 설명할 것이다(184쪽 참고).

# 읽기 능력에 바탕이 되는
# 유용한 독서 방법

**1. 가급적 자투리시간에 책읽기는 하지 말자.**

자투리시간에 책 읽는 것은 비추천이다. 학교 쉬는 시간 10분 동안이나, 전철에서 또는 친구를 기다릴 때 등 자투리시간에는 책읽기를 하지 말고 수학문제 풀기나 복습을 하는 것이 더 현명한 계획이다. 책읽기는 한두 시간을 내서 집중해서 읽으면 좋다. 왜냐하면 생각을 해야 하기 때문이다. 책읽기는 일정시간 집중해서 읽는 것이 효율적이다.

이 부분과 관련해서, 헨리 소로우가 했던 얘기가 교훈적이다. 그의 책 『월든』에서 책읽기에 대해 이렇게 얘기했다. '자장가를 듣듯이 심심풀이로 하는 독서는 우리의 지적 기능들을 잠재우는 독서이며, 따라서 참다운 독서라고 할 수 없다. 발돋움하고 서 있듯 하는 독서, 우리가 가장 또렷또렷하게 깨어 있는 시간들을 바치는 독서만이 참다운 독서'라고 했다.

## 2. 읽은 책을 다시 펼쳐 들고 기억을 강화하자.

무엇을 해야 할지 모를 때 책을 들자. 공부하다가 중간에 머리를 식히고 싶을 때 책을 들자. 자투리시간에 계획이 없을 때 책을 들자. 그리고 무작정 읽자. 무슨 말인지 의아해할 것이다. 자투리시간에 책을 읽지 말라고 했는데, 자투리시간에 책을 읽으라고 해서 좀 이상할 것이다. 이 말은 이런 의미다. 그동안 읽었던 책 중에서 아무 페이지나 펼쳐서 읽는다. 서너 페이지도 좋다. 아니, 한두 페이지도 좋다. 그 짧은 시간에도 어쩌면 읽었던 책 속에서 지혜를 발견하거나 혹은 즐거움을 누릴 수도 있다. 전에 읽었던 내용이 생생하게 떠오르기도 한다. 책읽기도 복습이 필요하다. 가방 속에 읽었던 책 한 권을 넣어 다니는 것도 의미 있다.

아니면 이런 방법도 좋다. 게임의 요소가 들어가는 방법이다. 책의 줄거리를 생각해 보고 내가 생각한 내용이 있는 곳이라고 생각되는 곳을 펼쳐 본다. 서너 번 해 보고 안 나오면 그 페이지부터 읽어 나간다. 시간이 조금 남을 때 아무 생각 없이 무조건 책을 드는 습관을 들여 보자. 책에서 뜻하지 않게 문장의 해법을 얻기도 하고, 지혜의 해법을 얻기도 한다. 무엇을 배우고 알아간다는 것은 큰 행복이다.

## 3) 한 달 동안 읽을 책에 대한 계획을 세우자.

한 달 단위로 책읽기를 계획해 보자. 이것은 생각 없이 책을 읽지 말라는 의미다. 무슨 말이냐 하면, 이번 달에는 한 사람의 작가가 집필한 책 위주로 계획을 세울 수도 있다. 다음 달은 좋아하는 주제에 해당하는 책을 집중적으로 봐도 된다. 책을 읽을 때 한 권 읽고 나서 다음 책 읽듯이 순차적으로 읽어도 되지만, 두 권을 동시에 읽는 방법도 좋다. 오늘 A 책을 읽었다면 다음 날은 B 책, 그다음 날은 A 책으로 이렇게 동시에 두 권을 함께 읽어도 좋다는 말이다. 무엇보다 자신에게 맞는 책읽기 방법을 선택하면 된다.

### 4. 흥미 위주에서 좀 더 수준 높은 책을 선택하자.

어느 정도 책 읽는 재미가 쌓여 가면, 폭넓게 독서를 하는 것이 필요하다. 내가 재미있어 하는 책만 읽지 말자. 조금 어려운 책도 도전해 보자. 읽기 힘들어도 도전해서 읽고 또 읽다 보면 그 분야에 뭔가가 쌓이게 된다. 읽지 않으면 자신만 손해다. 자신의 능력 안에 있는 책은 많이 읽어도 크게 실력이 늘지 않는다. 능력 밖에 있는 책, 나의 지식을 넘어서는 책을 읽어야만 생각의 폭을 넓힐 수 있다. 가끔은 그렇게 해 보자. 그렇지 않으면 다른 세상과 지혜를 배울 수 없다. 단순한 지식 이외에 나의 정신 수준은 나아지지 않는다. 어렵다고 느끼는 부분마다 건너뛰거나 깊은 사고를 싫어하면 발전이 없다. 어려운 책은 이해가 잘 안 된다며 손쉽게 포기해 버리고, 쉬운 그리고 흥미 위주의 책을 선택하지 말자. 좀 더 높은 단계의 지식 수준으로 도약하기 위해서는 조금은 어려운 책도 읽어야 한다.

### 5. 친구 엿보기

'지금 네 곁에 있는 사람, 네가 자주 가는 곳, 네가 읽는 책들이 너를 말해준다.'라는 괴테의 말처럼 다른 친구들이 읽는 책들이 무엇인지도 관심을 가져보자. 그 친구에게 그 책이 어떤 내용의 책인지도 물어보고 내가 읽은 책에 대해서도 의견을 교환해 보자.


### 6. 한 번쯤 책읽기에 푹 빠져 지내는 것도 청소년기의 보람이다.

어떤 학생은 곤충에 푹 빠져 몇 개월을 보내기도 하고, 어떤 학생은 공룡에 푹 빠져 몇 개월 동안 밥 먹는 것도 잊어 버리기도 한다. 자기가 좋아하는 일에 몰입해 보는 경험은 꼭 필요하다. 지도했던 어떤 학생은 조정래 작가의 『정글만리』에 빠져서 수업시간에 교과서 밑에 놓고 읽곤 했다. 시험이 다가와도 새벽까지 책읽기에 정신이 팔려 하루에도 몇 번씩 엄마한테 잔소리를 들어야 했다. 말릴 수도 가만히 놔둘 수도 없는 상황이었다. 하지만 3개월 만이라도 학창시절에 이렇게 책에 미친 듯이 빠져 지내는 것도 필요하다.

## 핵심어로 내용의 흐름을 파악하고
# 주제의 연결을 이해하자

문학 책이든, 비문학 책이든, 교과서든 읽기에서 가장 중
요한 것은 키워드(핵심어)와 주제다. 키워드 몇 개와 주제를 명확히 기
억하고 있으면 내용 설명은 어렵지 않게 할 수 있다. 앞에서 사례로
들었던 제롬 데이비드 샐린저의 『호밀밭의 파수꾼』을 예로 들어 다시
얘기해 보자. 아직 『호밀밭의 파수꾼』을 읽어 보지 못한 학생들은 책
을 읽고 나서 이 글을 읽으면 도움이 된다. 워낙 유명한 책이고 앞으
로 『호밀밭의 파수꾼』 얘기가 사례로 몇 차례 더 나오기 때문이다.

『호밀밭의 파수꾼』을 읽고 "이 책이 어떤 책이었어?"라고 질문 받
는다면 어떻게 대답해야 할까? 줄거리의 키워드도 필요하지만 정작
중요한 것은 작가가 말하고 싶은 키워드를 찾아내는 일이다. 이 질문
을 이렇게 바꾸어서 다시 질문해 보겠다. "『호밀밭의 파수꾼』에서 말

하고 싶은 중심 키워드는 뭐지?"

『호밀밭의 파수꾼』에서 말하고자 하는 중심 키워드가 무엇이냐고 물으면 대부분의 학생들은 대답을 못한다. 줄거리는 대강 아는데 작가가 말하고 싶은 중심 키워드는 찾아내지 못한다. 왜 그럴까? 읽기 방법을 제대로 배우지 못했거나 제대로 알려고 하는 욕심이 없기 때문이다. 이 책을 읽은 학생들은 홀든이 학교에 적응하지 못하고 서부로 가자는 이상한 말만 하는 학생으로 비추어진다. 작가 샐린저는 과연 『호밀밭의 파수꾼』을 학생들이 읽고 홀든을 학교 부적응자에, 이상한 말만 하는 학생으로 남기를 바라는 것일까? 그저 단순히 그 시절에 문제 많은 학생의 일상생활을 알려주려고 한 것은 결코 아닐 것이다.

중심 키워드는 주제와 직접적으로 관련이 많다. 키워드를 못 찾으면 주제를 제대로 이해하지 못하게 된다. 소설의 제목을 보고, 소설을 읽으면서 작가가 말하고 싶은 키워드를 생각해야 한다. 소설을 읽고 나서는 중심 키워드를 말할 수 있어야 한다. 이것이 진짜 읽기 능력이다. 책의 줄거리만을 읽는다고 하더라도 이상하고 황당한 홀든을 바라보는 재미가 쏠쏠하다. 하지만 이 정도로만 만족한다면 초등학생 수준이고, 책읽기를 잘못하고 있는 것이다.

작가가 원하는 키워드나 주제를 명확히 알기 위해서 꼭 확인해야 하는 것이 있다. 대부분의 책이 그렇다. 그것은 책이 출간될 당시의 시대상이다. '작품과 사회'의 중요성을 알아야 한다. 『호밀밭의 파수꾼』은 1951년도에 출간되었다. 이 책은 2차 세계대전 이후의 미국사회를 비판하고 고발하고 있는 작품이다. 작가의 눈에 비친 당시 미국인들은 순수함을 잃어 가고 있었다. 소설 속에서 홀든이 만나는 어른들의 모습이다. 그로 인해 상대적으로 순수한 어린이들을 어른들로부터 보호하고 싶었다. 소설 내용 속에서 동생 피비나 센트럴파크의 오리를 연상케 한다.

이렇게 당시 사회상을 이해하면 책 제목이 왜 『호밀밭의 파수꾼』인지를 알게 되고, 주제도 자연스럽게 알게 된다. "좋아하는 것 한 가지만 말해 봐."라고 동생 피비가 채근하자 홀든이 '호밀밭에서 뛰어노는 아이들'을 언급하며 대답하는 장면이 나온다. 이 설명이 나오는 장면에서 주제가 드러난다. 결국 이 책의 주제는 제목에 녹아 있다. 알고 보면 쉬운데, 학생들이 거기까지 생각을 하려면 시대상을 알아야 한다. 두세 권만 이런 식으로 사회적 배경과 연결 지어 책을 읽으면 다음부터는 자연스럽고 익숙하게 된다. 그래서 문학사 혹은 역사를 알면 작품 읽기에 큰 도움이 된다. 모든 책이 사회적 배경을 꼭 알아야 되는 것은 아니지만, 특히 이 책은 당시 사회상이 중요하다. 그래야 키워드나 주제가 쉽게 풀린다. 이 정도까지 이해해야 고급 읽기가 된다.

그렇다면 『호밀밭의 파수꾼』의 중심 키워드는 무엇이 될 수 있을

까? 줄거리를 통해 연상해 보면 퇴학, 부정적 성격, 2박 3일의 여행, 오리, 샐리, 피비, Go West(서부로 가자), 1940~1950년대 미국, 호밀밭, 절벽, 순수, 정신병원 등을 생각할 수 있다. 가장 중요한 키워드는 제목과 관련이 있다고 말했다. 『호밀밭의 파수꾼』에서 가장 중요한 키워드로 동생 '피비'가 먼저 떠오른다면 책을 제대로 읽고 감상한 학생이다. '어린아이들'도 마찬가지다. 혹은 '오리'가 떠오른 학생도 80점 정도는 된다. 이 정도만 되도 이 책을 잘 이해했다고 볼 수 있다.

라이너 마리아 릴케의 『젊은 시인에게 보내는 편지』도 앞에서 얘기했다. 이 책도 가볍게 읽어 보자. 『젊은 시인에게 보내는 편지』의 키워드와 주제를 알아보자. 이 책은 제대로 독서 습관이 훈련되지 않았다면 키워드를 찾기가 쉽지 않다. 라이너 마리아 릴케가 『젊은 시인에게 보내는 편지』를 통해 강조하는 정신을 알아야 한다. 편지 내용을 통해 강조하고자 하는 정신이 무엇인지를 파악해야 한다. 나의 눈이 바깥으로 향하지 말고 내면을 들여다보라는 메시지로, '살아가면서 운명적인 것이라 느꼈다면 파고들어라.'는 말이다. 쉽게 얘기하면 '공부를 해야겠다고 느꼈으면 다른 생각하지 말고 파고들어라.'는 말이다. 이제부터 '독서를 맘먹고 해 보겠다고 생각했다면 거기에 몰두하라.'는 말이다. 네가 그 일을 할 수밖에 없으면, 그럼 그렇게 하라는 메시지다. 그 위에 너의 미래를 세우라는 말이다.

'나의 내면을 들여다보는 것에 시간을 투자하라, 집중해서 나의 내면을 성찰하라.' 릴케는 '이것이 고독이다.'라고 말하고 있다. 그렇다면 중심 키워드는 내면, 성찰, 고독 등이다. 이러한 키워드를 찾아낼 수 있다면 읽기 능력이 탁월한 것이다. 이 키워드가 결국 주제와 연결된다. 이런 것을 느끼지 못했더라도 실망하지는 말자. '아, 그렇구나.' 하고 느꼈으면 그것으로 된다. 다시 읽으면 되고, 앞으로 읽을 책은 많다.

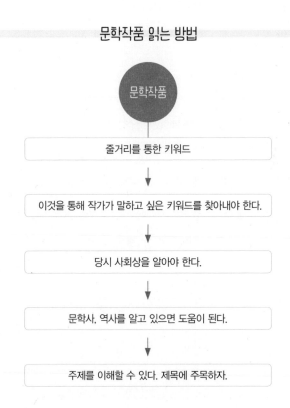

### 문학작품 읽는 방법

문학작품

줄거리를 통한 키워드

이것을 통해 작가가 말하고 싶은 키워드를 찾아내야 한다.

당시 사회상을 알아야 한다.

문학사, 역사를 알고 있으면 도움이 된다.

주제를 이해할 수 있다. 제목에 주목하자.

이제 교과서를 보자. 앞에서 말했지만 한 번 읽는 문학작품의 읽기와 여러 번 반복해서 보는 교과서 읽기는 방법이 다르다. 내용 전개나 형식도 완전히 다르다. 국어 과목을 제외하고 사회, 역사, 과학 교과서 내용은 비문학 형식에 가깝다. 사실적인 정보를 알려주는 내용이 대다수이기 때문이다.

교과서 읽기의 핵심은 학습 내용과 핵심 정보이다. 학습 내용은 주제, 중심 개념을 말하는 것이고, 핵심 정보는 중심 개념을 설명하는 키워드와 보충 개념을 말한다. 참고로 교과서에서 국어의 경우 주제는 작품의 문단 주제, 전체 주제를 말하지만, 나머지 과목은 주제가 목차를 의미한다.


예를 들면, 1학년 과학에서 〈광합성〉 단원이 있다. 여기에 세 개의 학습 내용이 있다. '광합성에 필요한 것은 무엇일까?', '광합성으로 만들어지는 물질은?', '광합성에 영향을 주는 요인은?'이다. 무엇보다 세 개의 학습 내용 모두 광합성에 초점이 맞추어져 있다. 광합성이라는 용어가 중심 개념이 된다. 중심 개념 이해에 절대적으로 필요한 핵심 정보를 놓치지 말아야 한다.

'광합성에 필요한 것은 무엇일까?'를 읽고 정리한 내용은 다음과 같다.

1) 광합성은 식물이 빛에너지를 이용해서 영양분을 합성하는 과정.

2) 식물의 잎에 있는 엽록체에서 광합성이 일어난다.

3) 녹색 색소인 엽록소는 엽록체 속에 들어 있다.

4) 녹색으로 변한 BTB용액에 물풀을 넣은 후 빛을 비추면 다시 파란색으로 변한다.

5) 물풀이 광합성을 하면서 용액 속에 녹아 있던 이산화탄소 사용.

6) 식물의 광합성에는 이산화탄소 필요.

7) 물이 부족하면 광합성이 일어나지 않는다.

광합성, 엽록체, 엽록소, BTB용액, 이산화탄소, 물 등의 키워드가 보인다. 학습 내용에서 꼭 필요한 것을 묻고 있기 때문에 여기서 꼭 알아야 하는 핵심 정보는 1), 6), 7)이다. 즉 핵심 정보 키워드는 '빛에너지, 이산화탄소, 물'이다.

이런 식으로 '광합성으로 만들어지는 물질은?'도 마찬가지다. 녹말, 아이오딘-아이오딘화칼륨용액, 에탄올, 청람색, 포도당, 산소 등의 키워드가 있다. 핵심 정보 키워드는 포도당, 산소이다.

'광합성에 영향을 주는 요인은?'도 마찬가지다. 물풀, 탄산수소나트륨, 빛의 세기, 이산화탄소의 농도, 온도 등의 키워드가 있다. 핵심 정보 키워드는 빛의 세기, 이산화탄소 농도, 온도이다.

학습 내용에 해당하는 핵심 정보들을 잘 들여다보면 겹치거나 연관되는 핵심어들이 있다. 이러한 사실은 학습 내용과 학습 내용 간에도 당연히 연관관계가 있다는 뜻이다. 한 단원에 등장하는 여러 개의 학습 내용을 연관 지어 생각할 줄 알아야 한다. 학습 내용과 핵심 정보를 잘 들여다보고 고민하면 이해와 기억이 잘 된다.

### 과학 교과서 읽기를 통해 핵심 정보 키워드를 찾아내는 방법

| 과학 | | | |

| 단원명 | 학습 내용 | 정리 키워드 | 핵심 정보 키워드 |

광합성

광합성에 필요한 것은 무엇일까? / 광합성, 빛에너지, 엽록체, 엽록소, BTB용액, 이산화탄소, 물 / 빛에너지, 이산화탄소, 물

광합성으로 만들어지는 물질은? / 녹말, 아이오딘-아이오딘화칼륨용액, 에탄올, 청람색, 포도당, 산소 / 포도당, 산소

광합성에 영향을 주는 요인은? / 물풀, 탄산수소나트륨, 빛의 세기, 이산화탄소의 농도, 온도 / 빛의 세기, 이산화탄소 농도, 온도

광합성은 가장 중요한 핵심 내용이다.
정리 키워드를 살펴보면 실험탐구활동과 관련된 단어가 대다수이다.

교과서를 읽을 때 학습 내용과 핵심 정보에 깊이 주목하는 것이 필요하다. 그리고 표시를 해 두고 정리를 해야 한다. 본문에 등장하는 일반적인 키워드에서 핵심 정보 키워드를 잘 뽑아낼 줄 알아야 한다.

이번에는 사회 교과서를 보자. 1학년 사회 교과서를 보면 〈문화 이해의 태도〉라는 중단원이 있다. 여기에 두 개의 학습 내용이 나온다. '문화를 바라보는 다양한 태도'와 '문화를 이해하는 바람직한 태도'다. 학습 내용은 항상 긍정적인 방향을 취하고 있다는 것도 이해를 해 보자. 결국 문화를 이해하자는 내용임을 유추할 수 있다.

'문화를 바라보는 다양한 태도'를 읽고 정리한 내용은 다음과 같다.

1) 중국인들은 중화사상이 있다.
2) 자문화중심주의는 자신의 문화만을 우수한 문화라고 보고 다른 문화를 무시.
3) 문화제국주의는 자문화중심주의가 강해져서 다른 나라에 자신의 문화를 강요.
4) 문화사대주의는 다른 사회의 문화를 비판 없이 동경하는 태도.
5) 문화상대주의는 문화의 다양성을 인정하고 한 사회의 문화를 그러한 문화가 형성된 배경 속에서 이해하자는 태도.

중화사상, 자문화중심주의, 문화제국주의, 문화사대주의, 문화상대주의 등의 키워드가 보인다. '문화를 바라보는 다양한 태도'에서 꼭 알아야 하는 핵심 정보는 2), 3), 4), 5)이다. 즉 핵심 정보 키워드는 자문화중심주의, 문화제국주의, 문화사대주의, 문화상대주의이다.

'문화를 이해하는 바람직한 태도'도 마찬가지다. 편견, 역사적·사회적 맥락, 유기적 관계, 문화의 비교, 보편성, 특수성, 문화교류, 문화 다양성 협약 등의 키워드가 있다. 핵심 정보 키워드는 역사적·사회적 맥락, 유기적 관계, 문화의 비교, 보편성, 특수성이다.

이렇게 학습 내용과 핵심 정보를 주기적으로 보면서 전체 내용을 떠올리도록 해 보자. 교과서를 읽어 갈 때 핵심 정보에 표시하고 학습 내용이 무슨 의미인지 메모하는 두 가지 행위는 읽기 능력에 꼭 필요하다.


각 과목의 단원마다 학습 내용과 핵심 정보를 관찰해보면 대체로 패턴이 비슷하다. 몇 번만 해 보면 무엇에 주목해서 어떻게 읽어야 할지가 보인다.

## 사회 교과서 읽기를 통해 핵심 정보 키워드 찾아내는 방법

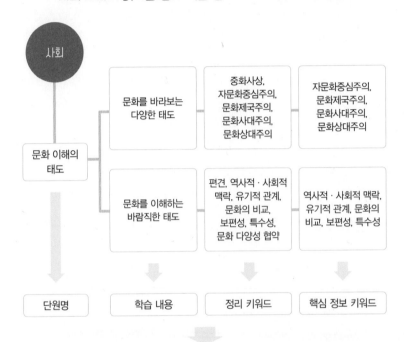

사회

문화를 바라보는 다양한 태도 — 중화사상, 자문화중심주의, 문화제국주의, 문화사대주의, 문화상대주의 — 자문화중심주의, 문화제국주의, 문화사대주의, 문화상대주의

문화 이해의 태도

문화를 이해하는 바람직한 태도 — 편견, 역사적 · 사회적 맥락, 유기적 관계, 문화의 비교, 보편성, 특수성, 문화 다양성 협약 — 역사적 · 사회적 맥락, 유기적 관계, 문화의 비교, 보편성, 특수성

단원명    학습 내용    정리 키워드    핵심 정보 키워드

문화가 가장 중요한 학습 내용이다. 정리 키워드를 살펴보면
개념 이해와 관련된 용어들이 눈에 많이 띈다.

# 좋은 책과
# 나쁜 책

사람들이 이런 말을 한다.

"좋은 책을 읽기 위한 조건은 나쁜 책을 읽지 않는 데 있다."

사실상 책을 구분할 때 좋은 책, 나쁜 책으로 구분하는 것은 옳지 않다. 나에게 재미있으면 좋은 책이고, 재미없거나 지루하면 나쁜 책인가? 그렇지 않다. 세상에 좋은 책은 있지만 나쁜 책은 없다. 나쁜 책이라면 결코 읽지 말아야 할 책인데, 나쁜 책을 읽지 말아야 한다는 것도 이상하다. 그래서 군이 구분하자면 좋은 책과 평범한 책만이 있다.

똑같은 중학생 추천도서를 읽고도 생각하는 것이 다르고, 받아들이는 것이 다르고, 감동도 다르다. 내가 재미없거나 무의미하다고 생각했던 책이 다른 친구에게는 재미있고 유의미할 수 있다. 나는 과학기술 책은 따분하고 지루한데 과학기술에 관심이 많은 학생은 흥미 그 자체일

수가 있다. 또한 내가 현재 재미없고 무의미하다고 생각했던 책이 몇 년 후에 읽었을 때 새로운 감동을 주기도 한다. 책이란 그 책을 읽는 사람만큼의 해석이 있는 것이다. 지금 도움이 안 된다고 언제까지나 무의미한 책은 아니라는 얘기다.

　하지만 보편적으로 좋은 책의 기준은 있다. 시간과 세월이 지나도 꾸준한 사랑을 받는 책이 있다. 요즘 많이들 얘기하는 고전이 그런 책이다. 고전이 아니더라도 좋은 책은 얼마든지 있다. 그러한 책을 잘 선택해서 읽는 것도 지혜. 이런 좋은 책들은 내용 구성이나 전달하고자 하는 주제를 통해 사람들에게 감동을 준다. 불필요한 내용이 없다.

　헤르만 헤세가 그런 의미에서 좋은 책의 기준을 아주 명쾌하게 정리해 주었다. 헤세는 이렇게 얘기했다. "책은 아는 것부터 자연스럽게, 그리고 마음에 드는 책부터 읽어야 한다. 꼭 읽어야 할 책, 읽지 말아야 할 책 같은 것은 없다. 자기가 읽어서 만족스럽고 기쁘고 행복하다면 그걸로 된 것이다. 각자 그런 책을 찾아 읽고 그 책들과 친구가 되는 것이 중요하다."

우선 이 질문부터 해 보자.

"학생들마다 읽기 행위가 같은 것일까?"

잠시 생각해 보고 계속 읽어 나가자.


분야를 가리지 않고 다독해야 한다는 말이 틀린 말은 아니다. 무조건 많이 읽는 것이 능사가 아니라 몇 권을 읽더라도 제대로 읽어야 한다는 말도 틀린 말은 아니다. 한 권의 책을 너무 오랜 시간 동안 읽지 말고 가급적 빠른 시간 안에 읽는 것이 이해에 도움이 된다는 말도 틀린 말은 아니다. 책을 급하게 읽는 것은 안 좋고, 시간이 걸리더라도 깊이 있게 생각하면서 읽어야 한다는 말도 틀린 말은 아니다.

우리가 알아야 할 사실은 학생들마다 책을 읽는 속도도 다르고, 가용할 수 있는 시간도 다르고, 이해력도 다른데 읽기 행위가 같을 수는 없다는 것이다. 여러분들이 같은 기간 동안 다섯 권을 읽든지, 한 권을 읽든지 간에 읽기의 원칙을 알고 자신의 상황과 수준에 맞게 읽기를 한다면 문제가 되지 않는다. 분명한 사실은 읽기 능력을 점차 발전시켜야 한다는 점이다.

학생들의 경우에 똑같은 책을 읽고도 머릿속에 정리되고 기억되는 정보의 양은 모두 다르다. 이것은 이해와 기억의 문제다. 매번 책을 읽고도 남는 게 없다면 시간과 노력만 낭비하는 심각한 문제가 아닐 수 없다. 읽기를 제대로 안 해서 겨우 책 제목과 인물 몇 명 정도만 기억나서는 안 된다. 책 읽는 방법을 고쳐야 한다. 책을 읽을 때 자신도 모르게 글자만 보는 버릇이 생기면 그런 결과가 나타나게 된다. 이것이 반복되면 문제는 심각해진다.

텍스트가 아니라 텍스트의 의미가 중요하다. 학생들은 종종 텍스트를 읽으면서 이해했다고 착각한다. 우리가 건성으로 읽는다는 말을 하는데, 그런 경우다. 그렇게 읽어서는 안 된다. 중·하위권으로 갈수록 이러한 현상은 가속화된다. 그렇다면 책을 읽는 그 순간에 읽기 능력이 좋은 학생과 그렇지 않은 학생의 머릿속에서는 어떤 차이가 발생하는 것일까?

읽기 능력이 뛰어난 학생들이 있다. 읽기 능력이 부족한 학생들은 이러한 학생들의 읽기 능력을 어떻게 내 것으로 만드느냐가 중요하다. 경험상 보면, 내용 파악 면에서 문학 책이든 교과서든 읽기 능력이 좋은 학생들에게는 공통적인 특징이 있다. 그것은 상상의 힘이다. 이것이 곧 이해력이다. '상상을 잘한다 = 이해의 힘'이다. 무슨 말이냐 하면 우리가 글을 읽어 나갈 때 이해가 되었다는 것은 글의 주요 내용을 이미지로 상상하면서 생각할 수 있다는 뜻이다. 이해가 확실해질수록 이미지가 정확해진다. 또한 머릿속에 떠오른 이미지를 설명할 수 있어야 한다. 설명이 구체적이고 정확할수록 이미지가 제대로 떠오른 것이다. 사실상 두뇌는 글자도 이미지로 받아들인다. 상상할 수 있는 단서들이 충분히 머릿속에 있어서 이미지가 떠오르기도 하지만, 설사 단서가 부족하더라도 글의 내용을 통해 추측해서 이미지를 떠올리기도 한다.

예를 들어 쉽게 설명하면, "이 오렌지는 정말 맛있다."라는 문장을 읽으면 머릿속에 오렌지의 이미지가 정확히 그려진다. 그리고 느낌도 정확히 온다. 이것은 오렌지에 대해서 알고 있는 단서가 머릿속에 충분하기 때문이다. 하지만 "저 녀석은 너무 우매해."라는 이 한 문장만 보여 줄 때 '우매'라는 단어를 모르면 이미지가 떠오르지도 않고 "우매가 무슨 뜻이야?"라고 묻게 된다. 만일 이 문장이 소설 속의 대사로 나올 때 대부분 '우매하다'는 뜻을 알 수 있는 상황이 묘사되어 있다. 그것이 하나의 장면이고 이미지다. 그러한 상황을 토대로 이미지가 떠오르면서 '아, 우매하다가 어리석다는 뜻이구나.'를 깨우칠 수 있다. 학생들마다 어리석다는 이미지는 다르게 떠오를 수 있다. 어떤 학생은 바보스러운 모습이 떠오를 수도 있고, 어떤 학생은 선생님의 질문에 학생이 잘못된 답을 말하는 구체적인 이미지가 떠오를 수도 있다. 이렇게 한 권의 소설을 제대로 읽으면 몰랐던 정보들이 속속 머릿속에 쌓이게 된다. 그래서 책읽기가 중요한 것이다.

교과서 공부로 예를 들면, 수업시간에 선생님이 "이번 시간부터 광합성 작용을 배울 거야."라고 할 때 학생들의 수준에 따라서 그 순간 머릿속에는 상상하는 힘이 다르게 나타난다. 광합성을 이해할 수 있는 단서가 충분하지 않다면 이미지가 떠오르지 않는다. '광합성이 뭐지?' 하면서 생각의 진전이 없다. 배워야만 한다. 과학 책을 읽었거나 예습을 해서 배경지식이 어느 정도 있다면 나뭇잎, 나뭇잎 색깔 등을 상상할 것이고, 배경지식이 충분하다면 나뭇잎의 엽록체나 엽록소까지 생각나면서 이미지가 정확하고 선명해진다. 이러한 현상은 우리가 인식할 수 없을 정도로 빠르게 일어나기도 한다.

결국 상상을 통한 생각의 힘이 텍스트 장악 능력이 된다. 이렇게 텍스트 장악 능력이 뛰어날수록 흩어지는 의미들이 적어진다. 글 내용의 의미들이 충분히 이해가 된다. 상위권 이상의 학생들은 이러한 이미지 회상 능력이 뛰어나다. 그렇다면 반대로 읽기 능력이 부족한 학생들은 글을 읽어 나가면서 기억 속에 붙잡지 못하고 흩어지는 의미들이 많다는 뜻이다. 글자만 읽기 때문에 상상의 힘이 약해서 생긴 결과다. 이런 능력은 읽기를 하면서 이미지 훈련으로 발전시킬 수 있다.

## 읽기 능력을 키우는 이미지 훈련

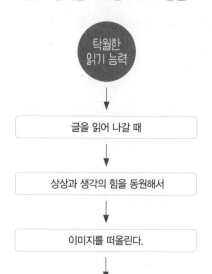

'이해가 안 되면 알고 가라.', '이미지를 떠올리면서 읽어라.' 이것이 읽기 능력을 키울 수 있는 단순한 진리다. 따라서 글을 읽어 나가면서 어휘의 의미, 문장의 의미, 주제의 의미를 확실하게 이해하기 위해서 이미지를 순간적으로 떠올리면서 읽어야 한다. 다시 말하지만

이 순간은 사실상 눈 깜짝할 사이보다 더 빨리 이루어진다. 중요 내용은 충분히 상상이 가능하고, 생각하고, 말할 수 있어야 한다. 중요한 내용일 때, 이해가 안 갈 때 이미지를 떠올려 보자. 이미지가 떠오르지 않으면 멈추어서 이해하는 노력의 시간을 가져야 한다. 이미지가 떠오르는지, 떠오르지 않는지를 보고 이해의 정도를 판단하는 것이다. 거듭 강조하지만, 글자를 이해하지 말고 글자의 의미를 이해해야 한다.

더 나아가서 어휘와 어휘 간의 의미 이해, 문장과 문장 간의 의미 이해, 주제와 주제 간의 복합적인 의미 이해도 중요하다. 이렇게 일정 분량의 내용을 하나의 이미지로도 떠올릴 수 있다. 소설이라면 인물에 대해서, 장면별로, 사건의 흐름 등도 이미지화할 줄 알아야 한다. 상상을 통해서 의미를 이해해야 한다. 이렇게 되면 활자화된 전체 글의 의미를 완벽하게 이해하게 된다.


최대한 많은 의미를 기억하기 위해서 상상하면서 책을 읽는 습관이 필요하다. 문학작품을 읽든 비문학작품을 읽든 그때그때 수시로 질문하면서 이미지를 떠올리고, 스스로 그 질문의 답을 찾아보는 것도 하나의 방법이다. 이것은 질문과 연결하는 상상법이다. 이렇게 하면 상상력과 생각하는 힘을 동시에 자극한다. '이 사람은 왜 이렇게 행동하는 거야?', '나 같으면 이렇게 했을 텐데.', '이 사람, 나와 똑같은 생각을 하네.', '나는 미처 이런 생각을 하지도 못했는데, 이렇게도 생각할 수 있구나.', '작가가 얘기하고 싶은 게 이거 아닐까.' 등등 글을 읽어 가면서 동시에 자신의 생각을 끄집어내야 한다. 만화책에 나오는 말풍선의 이미지처럼, 혹은 영화 대사와 함께 나오는 이미지처럼 머릿속은 거대한 만화책 공장이나 영화 공장과 같은 것이다.

　『호밀밭의 파수꾼』의 이야기를 계속해 보자. 『호밀밭의 파수꾼』은 중학생 필독서에 이름을 올리는 책이다. 알고 있는 학생도 있겠지만 이 책을 잠깐 소개해 보면, 『호밀밭의 파수꾼』의 저자 제롬 데이비드 샐린저는 이 책 한 권으로 세계적인 작가로 우뚝 섰다. 이 책은 아주 독특한 책이다. 출간되었을 당시에는 청소년들에게 절대 읽지 못하게 하는 금서였다가 나중에 최우수 권장도서가 됐다. 지금은 헤르만 헤세의 『데미안』을 능가하는 명성을 얻고 있다. 또한 지난 10년 동안 우리나라에서 출간된 영미 문학 책 가운데 가장 많이 팔린 책 2위를 기록하고 있다. 1위는 제인 오스틴의 『오만과 편견』이다. 방금 읽은 이 내용도 머릿속에 이미지가 물 흐르듯 떴다고 느껴지면 잘 이해한 것이다.

　『호밀밭의 파수꾼』을 한 문장으로 설명하면 청소년의 성장통과 꿈에 대한 이야기라고 할 수 있다. 『호밀밭의 파수꾼』을 읽을 때 큰 줄거리의 이미지를 놓치지 말자. 특히 인물이 겪는 사건, 인물과 인물 간의 관계, 가슴에 와 닿는 장면 위주로 이미지를 떠올리면서 읽자.

이렇게 이미지를 떠올리며 읽는 습관을 들이면, 읽고 난 후에 사소한 내용까지도 생생하게 떠오른다. 『호밀밭의 파수꾼』을 읽은 학생들에게 가장 감명 깊은 장면을 머릿속에 그리면서 설명해 보라고 했다. 그러자 한 학생은 이렇게 얘기했다.

"홀든 앞에 피비가 가방을 싸들고 서부로 가자고 하는 장면이 나오잖아요. 저는 여기서 감동 받았어요."

어떤 감동인지를 물어보았다.

"결국 홀든의 얘기를 잘 들어준 사람은 여동생 피비밖에 없잖아요. 그리고 책 제목이 왜 '호밀밭의 파수꾼'인지도 알게 됐어요. 처음에는 '뭐 그런 꿈이 있나'라고 생각했는데 곰곰이 생각해 보니 홀든을 이해하게 됐어요. 저는 홀든 스타일을 별로 좋아하지 않지만 여동생을 사랑하는 마음만은 진심인 거 같았어요. 착한 어린이들을 보호해 주고 싶은 마음, 그런 거 아닐까요. 저도 이제부터 여동생에게 잘해 줄 거예요."

이 학생이 책 제목이 왜 『호밀밭의 파수꾼』인지를 알았다는 대답에서 책을 제대로 읽었다고 칭찬해 주었다. 이 학생은 충분히 이 소설의 의미를 이해하고 있었다. 머릿속에 이 부분에 대한 이미지도 생생하게 떠오른다고 얘기했다.

다른 학생에게 가장 기억나는 장면을 떠올려 보라고 했다. 이미지를 떠올리면서 그대로 얘기하라고 하자 이 학생은 이렇게 대답했다.

"홀든이 낙제를 당하고 나서 스펜서 역사 선생님을 찾아가잖아요.

그때 스펜서 선생님은 홀든이 보고 있는 것도 무시한 채, 코를 후비기 시작하잖아요. 글쎄, 코 후빈 손으로 시험지를 집어서 홀든에게 건네는데, 홀든은 코 묻은 쪽이 자기 쪽으로 향하도록 건넸을 때 받을지 말지 망설이는 장면이 나오잖아요. 웃기지 않아요? 정말 더러워요."

이렇게 얘기하고 깔깔대고 웃었다. 여기서 그치지 않고 하나의 사건을 더 얘기했다.

"또 있어요. 기숙사 옆방에 사는 친구 이름이 뭐더라. 맞아요. 애클리요. 애클리는 이빨이 더럽고, 양치질을 한 번도 안 한 것 같은, 여드름을 수시로 짜고, 남의 일에 시시콜콜 참견하는 친구처럼 나와요. 지저분한 친구인 거죠. 저도 그런 친구 한 명 알아요. 한 번은 애클리가 홀든의 침대에 앉아 여드름을 짜기 시작하는 거예요. 그리고 나서 홀든의 베개에 얼굴을 묻는데, 그때 홀든이 기겁을 하는 장면에서도 얼마나 웃겼는데요."

학생들마다 가장 기억나는 장면은 다르다. 이 학생은 읽으면서 웃음을 주었던 장면을 가장 기억나는 장면으로 떠올린 것이다. 마찬가지로 이 장면을 그림으로 그릴 수 있을 정도로 오래 기억할 수 있다고 대답했다.


어떤 때는 하나의 이미지를 가지고 물어본다. 예를 들어 소설 속에 '오리'가 등장하는데, '오리'에 대해서는 어떤 느낌이 드는지 물어보았다. 그랬더니 이렇게 대답했다.

"스펜서 선생님이 홀든에게 열심히 훈계하는 중에 홀든은 머릿속에서 오리를 생각하잖아요. 나중에도 계속 오리 얘기가 나오는데 홀든에게 오리는 어떤 존재일지 궁금하더라고요. 홀든에게 오리는 희망 같은 거 아닐까요?"

오리가 상징하는 것이 무엇인지 구체적으로 상상해 보라고 했더니 이렇게 얘기했다.

"제 생각에 오리는 동생 피비처럼 보살펴 주어야 할 대상 같아요. 오리를 생각하면 피비가 떠올라요. 홀든은 동생을 끔찍이 사랑하잖아요. 저는 동생이 말썽만 부려서 싫고 초초가 더 좋아요."

이 학생이 말한 초초는 집에서 기르는 강아지라고 한다. 그리고 더 얘기를 이어갔다.

"스펜서 선생님은 잔소리가 너무 심하잖아요. 홀든이 그것을 싫어해서 오리 생각을 한 거 같아요. 스펜서 선생님은 우리 엄마랑 똑같아요. 어른들은 왜 이렇게 잔소리가 심한 거죠?"

이런 방법으로 문학작품을 읽을 때 이미지 떠올리기를 적극 활용하면서 읽자.

교과서는 읽는 방법이 다소 다르다. 소설이 장면 이해라면, 교과서는 한 문장 한 문장이 중요하다. 읽어 가면서 단어 하나마다, 한 문장마다 상상과 생각이 동원되어야 한다. 과목마다 약간의 차이가 있다. 과학의 경우는 원리를 알아야 하는 내용이 많기 때문에 원리를 이해해야 이미지가 제대로 떠오른다. "왜 이렇게 되는 거야?"라고 묻는다면 이미지가 제대로 떠오르지 않는 것이다. 사회나 역사는 어느 정도의 설명하는 내용을 그대로 받아들이는 자세가 필요하다. 이것은 잠시 뒤에 사례를 들어 설명하겠다.

교과서 내용을 통해 읽기를 해 보자. 우리가 앞에서 사례로 들었던 과학 교과서의 〈광합성〉 단원을 예로 들어 얘기해 보자. 학교 수업을 받은 1학년 여학생과 복습을 했다.

---

### 3-1. 광합성에 필요한 것은 무엇일까?

동물은 음식물을 섭취하여 필요한 에너지를 얻지만, 식물은 동물과 달리 빛을 이용하여 직접 양분을 만든다. 식물이 빛에너지를 이용하여 영양분을 합성하는 과정을 광합성이라고 한다. …… 녹색으로 변한 BTB 용액에 물풀을 넣은 후 빛을 비추면 다시 파란색으로 변하는 것을 알 수 있다.

(중학교 과학1 p169~171, 지은이 박희송 외, 발행인 교학사)

---

첫 번째 주제가 '광합성에 필요한 것은 무엇일까?'인데 어떤 이미지가 떠오르는지 물었다. 이렇게는 질문을 받아보지 못해서인지 처

음에 이 여학생은 "이미지요?" 이렇게 반문했다. 상상이 되는 이미지를 생각나는 대로 말해 보라고 얘기를 해 주었다. 그러자 잠시 생각하더니 "빛이요. 빛에너지요."라고 대답했다. 이미지가 그려지냐고 했더니 그렇다고 고개를 끄덕였다. 왜 빛에너지가 떠올랐느냐고 물으니까, 광합성을 하려면 빛이 필요하기 때문이라고 대답했다. 또 어떤 이미지가 상상되는지 물었으나 더 이상 떠오르는 이미지가 없다고 대답했다. 이 여학생은 광합성에 필요한 물질에 대해서 3분의 1 정도만 기억하고 있었다. $CO_2$(이산화탄소)와 물까지 이미지가 떠올랐다면 제대로 기억하는 것이다. 이 여학생에게 나머지 2개도 얘기해 주었더니 "아, 생각나요."라고 말했다.

이번에는 본문 내용으로 들어갔다.

'동물은 음식을 섭취하여 필요한 에너지를 얻지만, 식물은 동물과 달리 빛을 이용하여 직접 양분을 얻는다.'를 읽어 주면서 이미지가 떠오르는지 물었다. 여학생은 이미지가 떠오른다고 대답했다. 그러면 이해를 한 거라고 설명해 주었다. 이 책을 읽는 여러분도 이 문장은 쉽게 이미지가 떠오를 것이다.

'식물이 빛에너지를 이용하여 영양분을 합성하는 과정을 광합성이라고 한다.'를 읽어 주고 이미지가 떠오르는지 물었다. 그러자 여학생은 이렇게 대답했다.

"동물이나 사람도 음식을 먹어야 살 수 있듯이 식물도 햇빛을 받아야 살 수 있어요. 이렇게 이미지가 그려져요."

이번에는 '녹색으로 변한 BTB 용액에 물풀을 넣은 후 빛을 비추면 다시 파란색으로 변하는 것을 알 수 있다.'를 읽어 주며 이미지가 떠오르냐고 물었다. 그러자 이렇게 대답했다.

"이미지는 떠오른데, 왜 그러는지 이해가 안 돼요. 오늘 선생님이 설명해 주셨는데……."

이미지는 떠오르는데 이해가 안 된다고 느끼는 것은 형상만 그려지는 것이다. 정확히 원리를 이해하지 못했기 때문이다. 이 내용을 텍스트 그대로 받아들이고 넘어가면 문제로 나왔을 때 맞힐 수가 없다. 텍스트 그대로 보면 누구라도 이미지가 떠오를 수 있으나 그것은 이해한 이미지가 아니다. 이것을 스스로 알아야 교과서 읽기에 발전이 있다. 이런 식으로 교과서를 읽어 가면서 순간적으로 이미지가 떠오르고 이해가 되는지 스스로 체크해야 한다. 이해가 안 될 때는 생각을 하고 정리를 해야 한다.


이번에는 역사 교과서를 보면서 이해해 보자. 사회나 역사 과목의 경우, 읽기 능력을 높이기 위해서는 수용력이 좋아야 한다. 과학과는 다르게 교과서 내용을 일정 정도 그대로 수용하는 태도가 필요하다. 그래야 어려움이 없다. 사회와 역사는 원리보다는 사실을 그대로 진술하는 내용이기 때문에 그렇다. 또한 낯설고 어려운 단어와 문장이 많기 때문이기도 하다. 예를 들어 보면 〈통일신라의 발전〉 단원의

'제도를 새롭게 정비하다'를 보면 이런 내용이 나온다.

---

**제도를 새롭게 정비하다**

통일을 전후하여 왕권이 강화되면서 중앙의 정치제도에는 변화가 생겼다. 정치는 국왕의 직속기구인 집사부를 중심으로 운영되었고, 귀족회의 기구인 화백회의 기능이 축소되었다.

(중학교 역사1 p89, 지은이 정재정 외, 발행인 지학사)

---

학생들에게 첫 번째 문장의 이미지가 머릿속에 그려지냐고 물으면 대다수 학생들은 그려진다고 대답한다. 이것은 안다고 느끼는 것뿐이지 설명을 하라고 하면 하지를 못한다. 질문을 바꾸어 보았다. '왕권강화'가 어떤 의미인지를 질문하면 학생들 대부분은 말을 못한다. 읽기 능력에서 중요한 수용력이 안 되어 있기 때문이다. 10명 중에 한 명 정도가 "중앙정치제도에 변화가 생겨요."라고 대답한다.

첫 번째 문장에서 '(삼국)통일 → 왕권강화 → 중앙정치제도'의 자연스런 흐름을 이해하면 답이 나온다. 즉 '통일 후에 왕권이 강화되었고, 왕권이 강화되었다는 의미는 중앙정체제도에 변화를 말하는구나'라고 그대로 수용할 수 있어야 한다. 이것은 고려시대에서 조선시대에도 거의 같다. 역사는 반복된다는 말이 그런 의미다. 두 번, 세 번을 읽고, 아는 것이 많아지면 그때서야 이미지가 명확히 떠오른다. 삼국을 통일한 지도(map), 왕 앞에 신하들이 머리를 조아리고 있는 모습, 뒤의 문장을 안 읽어 봐서 이미지가 잘 떠오르지 않지만, 어떤 제도들이 변하는 모습 등으로 이미지를 떠올릴 수 있다.

두 번째 문장도 마찬가지다. 쉽게 생각하면 누구라도 이미지가 떠오른다. 집사부가 국왕의 직속기구라는 것을 그대로 받아들이고, 화백회의는 귀족들의 회의기구라고 당연히 받아들이고 읽으면 아무 문제가 없다. 정확히 이해되지 않을 때는 어렴풋이 집사부와 화백회의가 단순하게는 사람들이 모여 있는 집단의 이미지가 떠오른다. 복습하면서 집사부에 대해서, 화백회의에 대해서 충분히 이해하면 이미지는 더욱 선명해진다. 이렇게 두세 번 복습하면서 위의 문장들을 이미지화하면 기억이 오래간다. 다시 강조하지만 용어 자체를 순수하게 받아들이는 자세가 중요하다.

# 04 | 적극적인 활동과 읽기의 4단계

글을 읽으면서 단어, 문장, 주제 등의 의미를 놓치지 않는 바람직한 읽기 능력을 갖춘 학생이라도, 읽기 능력을 더욱 세련되게 발전시키려면 읽기 과정에서의 적극적인 활동이 필요하다. 적극적인 읽기활동이란 책이든 교과서든 의미 파악과 동시에 읽는 과정에서 언더라인, 기호, 메모, 필사를 하는 행위를 말한다. 필사라는 것은 그대로 베끼는 행위를 말한다. 그렇다면 책을 읽을 때 어떤 내용에 언더라인을 하고 메모를 할 것인가?

일반적으로 책읽기의 경우라면, 내가 필(Feel)이 꽂히는 내용에 하면 된다. 사람마다 좋아하는 놀이와 음식이 다른 것처럼 책을 읽으면서 느끼는 감정은 다르다. 줄거리를 얘기할 때야 거의 비슷하지만 언더라인 하고 메모하는 내용은 다 다르다. 책을 읽으면서 느낌이 오면 바로 표시하고 메모해 두는 것이 현명하다. "읽고 나서 정리해야지." 하면 잊어 버리는 내용이 많다. 그때의 느낌을 놓치지 말고 간략히 메모해 두는 정성이 필요하다. 필이 강하게 꽂히는 내용은 또박또박 필사를 해 보자. 더욱 강하게 느낌이 오고 기억이 오래간다.

앞에서도 독후감은 읽고 난 다음에 느낀 점을 기록하는 것이 아니라 책을 읽으면서 메모했던 내용을 중심으로 기록하는 것이라고 강조했다. 따라서 책을 읽는 과정이 중요하다. 책을 빨리 읽는 것이 중요한 것이 아니라 어떻게 읽었느냐가 중요하다. 하루에 읽을 책을 조금 더 시간이 걸리더라도 필요한 내용에 표시하고 메모하며 읽자. 이것은 느릿하게 읽으라는 얘기가 아니라, 상상하고 생각하며 읽으라는 말이다.


처음 지도하게 된 중학교 2, 3학년 학생 다섯 명에게 과제를 내주었다. 조지오웰의 『동물농장』을 읽고 일주일 후에 토론하기로 했다. 간략히 독후감도 써 오라고 했다. 또 하나, 『동물농장』을 읽기 전에 역사 교과서에 등장하는 유럽의 장원제도와 현대 소련의 사회주의를 살펴보라고 했다. 구체적으로 볼셰비키혁명(러시아혁명), 스탈린 시대에 대해서 알아본 다음에 읽어 보라고 했다.

일주일 후에 학생들이 모였다. 유럽 장원제도와 소련 사회주의에 대해서 이해를 한 다음에 읽었느냐는 질문에 한 명의 학생만이 그렇게 읽었다고 대답했다. 나머지 학생은 바로 『동물농장』을 읽었다. 책 제목 『동물농장』의 의미에 대해서는 대체로 잘 알고 있었다. 저자 '조지오웰'의 생애나 다른 작품에 대해서 아는 사전 정보 없이 말해 보라고 했다. 한 학생만이 책을 읽지는 못했지만 『1984』를 알고 있다고 했다.

각자 책을 읽은 과정에서 기록한 내용이 있으면 보여 달라고 했다. 『동물농장』 책을 구입한 학생도 책에는 아무런 표시가 되어 있지 않았다. 도서관에서 빌려 본 학생도 독서기록장 같은 것은 없었다. 저자 소개, 저자가 쓴 서문을 읽어 보았느냐는 질문에 세 명의 학생이 읽어 보았다고 했다.

책의 뒤표지의 내용을 읽어 보았느냐는 물음에 읽었다는 학생이 단 한 명도 없었다. 써 온 독후감의 내용은 보여주기 민망할 정도였다. 읽기 과정도, 읽은 후에 기록한 내용도 평균 이하였다. 수학, 영어가 급한 게 아니라 이 학생들은 책을 어떻게 읽어야 하는지, 즉 읽기 능력을 키우는 것이 더 급했다.

『동물농장』은 2차 세계대전 직후인 1945년에 출간되었다. 유럽의 장원제도, 러시아혁명, 스탈린 시대를 소재로 쓰인 우화소설이다. 대체로 이러한 정보는 저자소개 글에서 파악할 수 있다. 저자가 쓴 서문이 있는 책도 있고, 없는 책도 있다. 저자 소개도 꼭 읽어야 하고, 서문이 있다면 꼭 읽어야 한다. 그리고 대부분 책의 뒤표지에 책의 시대적 배경, 사회적 배경을 이해할 수 있는 핵심 정보가 나와 있는 경우가 많다.

따라서 저자 소개글, 서문과 함께 이 부분을 먼저 읽고 소설을 보면 내용을 이해하는 데 도움이 된다. 되도록이면 두 번을 정독하고 읽도록 하자. 소설을 읽고 다시 저자 소개, 서문, 뒤표지의 내용을 읽으면 확실히 내용 이해가 깊어진다. 그런 의미에서 저자 소개, 서문, 뒤표지의 내용은 아주 중요하다.

## 적극적인 책읽기 훈련

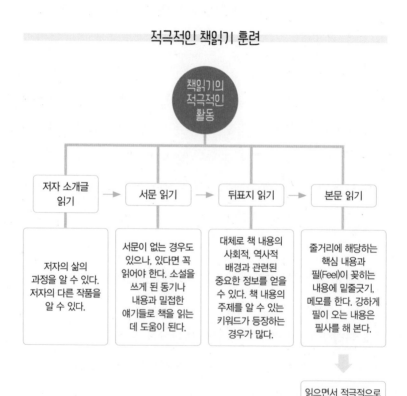

앞의 다섯 명의 학생들에게 읽기 능력의 중요성에 대해서 설명해 주고 훈련도 몇 차례 했다. 그런 다음에 선택한 책이 루쉰의 『아Q정전』이다. 책이 얇아서 두어 시간이면 읽을 수 있다. 학생들의 전반적인 평가는 다른 고전에 비해서 재미있다는 반응이다. 학생들은 저자 소개 글, 서문, 뒤표지도 읽고, 적극적으로 메모하면서 이 책을 읽었다. 몇 가지 내용을 정리해 보면 다음과 같다.

〈아Q정전〉은 1921년에 발표된 작품이다.

교과서에 나오는 청나라 말기 신해혁명, 5·4운동을 이해했다. 이 당시 중국사회는 희망이 없어 보였다.

중국의 근대화운동을 알고 나서 읽었더니 소설 내용을 더 이해할 수 있었다.

제목이 신기했었는데, 아Q는 사람 이름이었다. 정전은 한문으로 正傳 이렇게 쓴다. 바르게 전해오는 이야기다. Q는 청나라시대 유행했던 머리 스타일이다. 변발이라는데……

아Q는 온 동네 사람한테 맞고 다닌다. 동정심도 가지만 바보스럽다. 비겁하다.

아Q의 정신승리법은 너무 웃겼다. 자기 위로와 같은 건데 이것은 비굴하다고 생각한다.

일자리도 잃고, 구걸하고, 훔쳐 먹고……. 이제 동네 사람들에게 외면당한다.

무슨 상황인지도 모르고 자신이 동그라미를 동그랗게 그리지 못하고 한탄하는 아Q의 모습이 너무 답답했다.

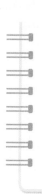

아Q가 죽어서 불쌍하다. 형장으로 끌려갈 때 지켜보기만 하는 사람들이 미웠다. 누구 한 사람 도와주는 사람이 없었다.

아Q가 당시 중국인들의 안 좋은 모습, 부정적인 모습을 보여 주는 사람처럼 느껴졌다.

나는 비겁하게 살지 않을 것이다. 책을 많이 읽어서 똑똑한 학생이 되어야겠다.

이러한 메모를 토대로 느낌을 붙이고 간단한 줄거리와 함께 독후감을 쓰면 된다. 또한 적극적인 활동 중의 하나가 필사다. 우리가 교과서를 읽어 가다가 중요한 내용은 노트에 쓰면서 기억한다. 그와 마찬가지로 책을 읽으면서 필이 꽂히는 내용은 한 자 한 자 또박또박 써 보자. 책 내용이나 읽는 느낌이 훨씬 실감난다. 이것은 시를 소리 내어 읽는 것처럼 감수성을 자극하게 된다.

한 학생은 가장 기억나는 장면으로 아Q가 형장으로 끌려가는 장면을 떠올렸고, 이 내용을 다음과 같이 필사했다.

"할 말이 있느냐?"

"없습니다."

장삼과 단삼을 입은 사람들 여럿이 갑자기 그에게 흰 광목 조끼를 입혔고 거기에는 까만 글자가 적혀 있었다. 아Q는 기분이 상했다.

64

영락없이 상복 같아서였다. '재수 없이 상복이라니.' 그는 두 손마저 뒤로 결박된 채 관아 문을 나섰다. 아Q는 아무 것도 덮지 않은 수레에 태워졌고 짧은 옷을 입은 사내 몇이 함께 탔다. 수레는 바로 출발했다.

왜 이 내용을 필사했느냐고 물었을 때, 그 상황이 너무 생생하게 머릿속에 그려지고 아Q가 너무 답답했고, 결과가 어떻게 될지 자신도 마음이 조마조마 했다는 것이다.

앞에서 살펴보았던 『호밀밭의 파수꾼』의 경우에, 2학년 남학생은 아래 내용이 필(Feel)이 꽂히는 장면이었다고 했다. 이 학생의 노트에는 다음의 내용이 똑같이 두 번 반복해서 필사되어 있었다.

"나는 늘 넓은 호밀밭에서 꼬마들이 재미있게 놀고 있는 모습을 상상하곤 했어. 어린애들만 수천 명이 있을 뿐 주위에 어른이라고는 나밖에 없는 거야. 그리고 난 아득한 절벽 옆에서 있어. 내가 할 일은 아이들이 절벽으로 떨어질 것 같으면, 재빨리 붙잡아 주는 거야. 애들이란 앞뒤 생각 없이 마구 달리는 법이니까 말이야. 그럴때 어딘가에서 내가 나타나서는 꼬마가 떨어지지 않도록 붙잡아주는 거지. 온종일 그 일만 하는 거야. 말하자면 호밀밭의 파수꾼이 되고 싶다고나 할까."

그러면서 이 남학생도 마찬가지로 이렇게 얘기했다.

"저는 이 장면에서 울컥했어요. 너무도 생생하게 상상이 되는 거예요. 홀든을 안 좋게도 생각했는데 이 부분에 와서 생각을 많이 하니까 홀든을 너무 사랑하게 되었어요. 홀든이 되었다고 생각하고 또박또박 낭독하면서 세 번을 필사했어요."

수업에 참여했던 책읽기를 좋아하는 1학년 여학생이 있었다. 이 여학생에게도 읽기에 대해서 설명해 주면서, 마음이 가는 문장이나 문단에서는 눈동자를 멈추고 생각을 맛보라고 했다. 어느 날, 학교 수업시간에 유치환의 「생명의 서」를 읽으면서 감격이 벅차오르는 것을 느꼈다고 했다. 국어 선생님이 낭독하시는데 그 느낌이 너무도 생생했다고 했다.

보통 학생들의 경우, 이 시를 대하면 시가 너무 무겁고 어떤 학생은 무섭다고까지 표현한다. 이 여학생에게 이 시가 색다르게 다가왔던 것이다. 특히 3연에서 그 절정을 느꼈다고 했다. 그 부분을 공책에 몇 번을 쓰면서 그 느낌을 잃지 않으려고 했다.

하여 '나'란 나의 생명이란

그 원시의 본연한 자태를 다시 배우지 못하거든

차라리 나는 어느 사구(砂丘)에 회한 없는 백골을 쪼이리라

유치환은 「생명의 서」를 비롯해서 「깃발」, 「행복」 등으로 유명한 생명파 시인이다. 1학년 여학생은 「생명의 서」에 필이 꽂힌 것이다.

가볍게는 노래가사의 일부분을 필사해도 좋고, 영화 대사 중에 꽂히는 부분을 필사하면서 느껴보는 것도 좋다. 수업시간에 선생님이 말씀하신 교훈적인 문장도 좋다. 우리가 명언을 써서 책상 앞에 붙여 놓는 효과와 같다. 영국의 철학자 토마스 홉스는 "내가 대부분의 사람들처럼 책을 많이 읽었더라면 그들처럼 멍청한 사람이 되었을 것이다."라고 얘기했다. 무턱대고 책만 읽는 바보를 경계한 말이다. 좋은 책을 잘 이해하고 내 삶의 영양분으로 만드는 것이 필요하다.

그렇다면 교과서는 어떻게 읽어야 할까? 교과서를 읽을 때도 첫 번째 읽을 때, 중심 키워드와 이해되지 않는 내용 위주로 파란색 밑줄을 긋는다. 두 번째 읽을 때, 그래도 이해가 되지 않는 내용에 빨간색 밑줄을 치거나 물음표를 해 놓는다. 이런 원칙을 정해 놓고 읽어야 한다. 물론 선생님이 강조한 내용이나 공부하면서 알게 된 보충 내용에 별표하고 충실히 메모해 놓는 것은 당연하다.

이렇게 흔적을 남기면서 읽으면 표시한 데만 신경이 가서 도리어 나머지 내용을 등한시 하는 결과를 초래한다고 주장하는 사람도 있다. 그래서 흔적을 남기지 말고 읽으라고 한다. 하지만 그것은 극히 일부의 천재성이 있는 학생의 경우에 해당하는 말이다. 표시하고 메모하면서 교과서를 읽는 방법이 맞다.

적극적으로 교과서를 읽는 방법은 다음과 같다.

## 적극적으로 교과서 읽는 방법

＊책을 읽고 감명받은 내용을 필사해 보세요.

# 읽기의 주인공이 되어야
# 읽기 능력이 향상된다

좋은 책은 문장 하나하나가 깊은 맛을 내면서 만들어진 맛있는 아침 상 같다. 단맛도 있고 쓴맛도 있고 신맛도 있는, 그래서 건강에 좋은 그 런 밥상이다. 단련과 숙고를 거듭한 훌륭한 작가가 쓴 글은 군더더기가 없다. 따라서 배울 점이 많다. 유용한 어휘와 문장을 많이 외워 두면 생 각하는 힘과 표현하는 힘이 길러진다. 좋은 글을 많이 읽어야 좋은 글을 쓸 수 있는 이치다.

소설이든, 시든, 비문학작품이든 무작정 읽어 나가지만 말고 필(Feel) 이 꽂히는 장면에서는 깊이 생각에 빠져 보자. 필요하면 생각을 메모도 하자. 그래야 사고력이 좋아지게 된다. 대체로 국어시간에는 선생님이 일일이 모두 설명해 주고 학생들은 필기만 한다. 거기에 스스로의 생각 이 끼어들 틈이 없다. 그런 식으로만 수업을 받은 학생은 사고력이 늘지가 않는다. 그건 객관식 시험공부를 위한 교실 수업이다.

스스로 책을 읽어 나가면서 내가 주인공이 되고 그의 삶을 느끼고, 어떤 장면에서는 깊이 생각에 빠져 보기도 하고, 작가가 말하고자 하는 주제의식을 고민해 보는 것이 사고력을 넓혀 준다. 이런 식으로 책읽기를 제대로 해야 읽기 능력이 향상되고 삶의 지혜를 얻을 수 있다. 보다 수준 높은 사고력을 요구하는 시험에서도 빛을 발휘한다. 맹목적인 읽기는 아무런 도움이 안 된다. 따라서 『호밀밭의 파수꾼』을 몇 시간 만에 줄거리만 파악해서 읽는 것이 중요한 게 아니라, 며칠이 걸리더라도 내 생각을 정리하는 시간이 필요하다. 일반적으로 흥미만 전달하는 무협소설이 아니기 때문이다.

"수학은 대학을 결정하고, 영어는 연봉을 결정한다."

대학에 입학하기 전까지는 수학이 결정하고

대학을 졸업한 이후에 필요한 것은 영어라는 얘기다.

그렇다면 국어는 어떨까?

국어는 수학과 영어 읽기 능력을 결정한다.

그뿐이 아니다. 인생의 가치관까지 결정한다.

국어 읽기 능력은 인생을 춤추게 한다.

누가 이것을 부정할 수 있겠는가?

# Part 02

# 읽기 능력의
# 기반은 국어다

# 01

## 전 과목 공부흥미를 좌우한다

Part 01은 책을 읽을 때 기본적으로 무엇에 초점을 맞추어 읽어야 읽기 능력이 향상되는지 알아보았다. 또한 책읽기와는 다른 교과서 읽기 방법에 대해서도 살펴보았다. Part 02에서는 국어 과목의 중요성에 대해서 집중적으로 알아보고자 한다.

요즘 "국어 실력이 쌓이지 않았는데, 무슨 영어와 수학이냐?"를 외치는 소리가 곳곳에서 들려온다. 국어 과목에 대한 인식이 바뀌고 있다. 필수 과목이면서도 중학교 3년 동안 영어와 수학 때문에 뒷전에 밀려 있던 국어가 새로운 인식의 대상으로 부상했다. 읽기의 기본이 되는 국어 과목을 통해 읽기 능력을 키워야 한다는 것이 주장의 요지다.

국어는 읽기 능력을 높이는 수단이자 합격의 문을 여는 열쇠다. 당장 내년부터 고전 과목이 신설된다. 이것이 의미하는 바는 교육 과정에서 국어의 중요성, 더 엄밀하게 말하면 읽기의 중요성이 부각된 것이다. 당연한 건데, 그 동안 학생들이 국어에 소홀했고, 그러다 보니 읽기 능력도 떨어지게 되면서 초미의 관심을 받게 된 것이다.

대체로 국어를 중3 겨울방학 때부터 혹은 고등학교 올라가서 준비한다. 하지만 모의고사를 치루고 나서 성적이 나오지 않아 후회를 많이 한다. 이때부터 국어가 중요하다는 인식을 가지고 부랴부랴 시작하지만 쉽지만은 않다. 국어는 국어만의 문제가 아니라 다른 과목에 영향을 미치는 과목이다. 따라서 중학교 과정에서 제대로 공부를 해야만 한다. 고등학생들과 상담해 보면 중·하위권으로 갈수록 수학이 어렵고, 상위권·최상위권으로 갈수록 국어가 까다롭다고 말한다. 이게 무슨 의미일까? 그만큼 국어를 소홀히 공부했다는 반증이다. 국어 과목이 생각만큼 쉬운 과목이 아니라는 의미다. 국어가 우리나라 언어이기 때문에 쉽다는 생각은 버려야 한다.

책읽기와 국어공부가 비슷하다고 생각하는 학생이 많다. 작품을 읽기 때문이다. 이런 면에서 책을 많이 읽는 것과 국어공부는 밀접한 관계가 있음에 틀림없다. 하지만 책읽기와 국어시험은 분명히 다르다. 사실상 책을 많이 읽는다고 중학교 국어시험 문제를 술술 풀 수 있는 것은 아니다. 국어시험을 잘 보기 위해서는 지문을 읽고 독해하는 기술이나, 개념 이해, 문법 등이 함께 이루어져야 하기 때문이다.

문단의 주제를 찾고, 글의 특징 찾아내고, 수사법의 개념 이해 등 객관식 문제가 주로 출제되는 중학교 내신에서 책읽기는 도움은 되지만, 큰 빛을 발휘하지 않는다. 학교 수업 열심히 받고 어느 정도 복습을 하면 점수는 나온다. 문제는 고등학교에 올라가면 달라진다는 것이다. 앞에서도 얘기했지만 대개 학생들은 고등학교에 올라가서 보는 첫 국어시험에서 낭패를 본다고 했다. 중학교에서 국어내신이 잘 나왔다고 하는 학생들도 그렇다. 모의고사에서는 더 그렇다. 왜 그럴까?

중학교 국어시험과 고등학교 모의고사는 완전히 다른 유형이기 때문이다. 모의고사는 단답형 문제가 아닌 깊은 사고력을 요구해서 풀어야 하는 문제가 다수다. 수학능력시험과 유사한 형태라서 그렇다. '시'를 읽으며 상황을 잘 공감하고 이해하는 학생이 문제를 잘 풀게 되어 있다. 무슨 말이냐 하면, 문학은 주어진 상황에 따른 인물의 정서와 태도를 다루는 학문이다. 슬프면 슬픈 상황, 기쁘면 기쁜 상황, 분노하면 분노하는 상황 말이다. 이러한 상황을 잘 이해해야 한다.

작품 전체 또는 일정한 지문 내에서의 분위기와 주제를 잘 이해하는 것이 중요하다. 그다음에 필요한 것이 구체적인 분석 능력이다. 이러한 공감과 분석 능력은 작품을 많이 읽은 학생일수록 유리하다. 사고력 문제일 때, 책읽기의 진가가 나타난다. 국어를 암기 위주, 객관식 위주로 공부하다 보니 고등학교에 올라가서 애를 먹고 점수가 곤두박질치게 된다. 감상 능력을 키워야 한다. 그러니까 중학교 과정에서 다양한 작품을 읽는 것을 게을리 해서는 안 된다. 기본적으로 중학교 국어 교과서 작품을 통해 공부를 제대로 해야 한다.

중학교 국어시험에서 나오는 지문보다는 고등학교 국어시험에서 나오는 지문의 양이 길다. 나아가서 수학능력시험에 나오는 국어시험의 지문은 더 길다. 시간이 없어서 지문을 다 못 읽었다는 말도 많이 한다. 이것의 기본은 읽기 능력이 안 되어 있다는 말이다. 곧 다양한 작품을 읽지 않았다는 반증이기도 하다. 상대적으로 시간이 많은 중학교 때 문학과 비문학작품을 많이 읽고, 국어 교과서에 나오는 작품의 원문도 찾아서 다 읽어야 한다. 현대문학, 고전문학을 가리지 않고 읽어 놓으면 고등학교 시험이나 수능시험에서 시간이 모자라서 낭패 보는 일은 없을 것이다. 국어시험에는 교과서에 있는 지문만 나오는 게 아니다. 교과서에서 생략된 지문이 시험으로 나온다. 그러니까 더더욱 읽어야 한다.

예를 들면, 국어 교과서에 나오는 「꽃신」을 통해 자신의 작품을 목숨과 맞바꾸는 한 장인의 숭고한 정신과 한 사내의 마음 깊은 곳의 순정을 느꼈다면 주저 말고 김용익 작가의 다른 작품도 읽어 보는 지혜를 갖추었으면 한다. 이것이 중요한 이유는 뒤에서 다시 설명할 것이다. 또한 교과서에서 「자전거 도둑」에 대한 수업을 듣다가 뒷부분이 궁금하면 바로 책을 구해서 읽는 속도감 있는 생각도 필요하다.

국어가 암기 과목이 아니라는 말은 어느 정도 맞다. 사실 다른 과목들이야 거의 암기가 중요하지만 국어는 외워서 답을 구하는 과목이 아니라는 것은 국어시험을 통해 알 수 있다. 특히 고등학교 모의고사와 수능시험은 더 그렇다. 작품의 지문을 제대로 이해하고 분석할 줄 알면 답은 술술 풀린다. 국어는 문제를 많이 풀어 보는 것보다 작품을 여러 번 읽고 작품 속에서 주인공도 되어 보고 나비도 되어 보고 꽃도 되어 보는 것이 더 가치가 있다. 국어공부는 항상 정확한 읽기와 생각하는 힘을 훈련하는 시간이어야 한다. 그러니 짧은 시간 집중적으로 하는 것이 아니라 주기적으로 꾸준히 일정한 양을 해 나가는 것이 중요하다. 이렇게 해 두면 다른 교과 과목에도 영향을 주게 되어 있다. 천천히 야금야금 실력을 갖추게 한다.

앞에서 사례로 보았던 『젊은 시인에게 보내는 편지』의 작가 라이너 마리아 릴케, 그의 다른 작품 중에 『두이노의 비가』라는 작품이 있다. 세상을 움직인 책 100선에 이름을 올린 책이다. 있다는 건만 알아도 훌륭하다. 이 시는 연작시다. 『젊은 시인에게 보내는 편지』와는 다르게 이해하기 상당히 어렵다. 시인에게 직접 물어보지 않았는데 누구인들 정확한 정답을 알기 힘들다. 시간이 갈수록 해석이 변하는 시들이 부지기수다. 정답이 없다. 정답이 있는 것처럼 교육해서 교실이 지겨운 게 현실이다. 어려운 내용을 대하더라도 느껴지는 만큼만 느끼면 된다. 시인의 느낌으로 최대한 찾아가려고 노력하면 된다.

국어시험은 처음 보는 지문이 있기 때문에 이것을 잘 읽어 낼 줄 알아야 한다. 그러기 위해서 배경지식과 독해 능력이 요구된다. 정리해 보면 평소에 다양한 작품 읽기를 통해 감상 능력을 높이고, 학교 수업을 통해 작품의 이해력, 분석력, 속도를 높이는 훈련을 하면 그야말로 국어공부의 끝이다.

## 국어공부를 통해 이해력, 분석력, 수준 높은 읽기 능력을 키운다

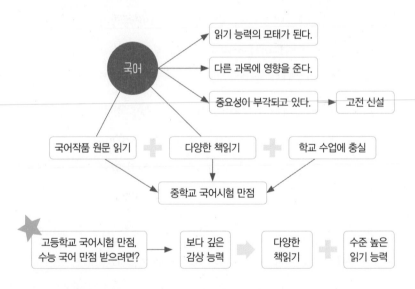

여러분에게는 당장 국어시험이 중요하다. 중학교 국어시험을 잘 보기 위해서 필요한 얘기를 해 보자. 초등학교 때는 국어가 점수 잘 나오는 과목이었는데, 중학교부터는 지문도 길어지고 점점 서술형 문제도 많아지면서 힘들어한다. 중학교 국어를 잘하려면 국어의 기본 개념을 잘 이해해야 한다. 단순히 얘기하면 수학에서 공식을 알고 있어야 문제를 정확히 풀어내는 것처럼 주로 문학에서 등장하는 개념 이해는 필수적으로 이해하고, 암기되어 있어야 한다. 예를 들면 시와 문학작품을 통해 비유와 상징, 은유, 반어, 역설, 비교, 대조 등 다양한 형식의 기법을 이해하고 암기해야 한다.

수학이 어렵다고 하지만 학년에 올라갈수록 더 어렵게 느껴지는 것이 국어다. 왜냐하면 하나의 정답과 한두 개의 매력적인 오답 사이에서 갈등이 많기 때문이다. 이것은 직접적으로 경험해 봐서 느낌을 알 것이다. 그러다 보니 국어점수를 일정하게 유지하는 학생이 드물고, 시험 난이도에 따라 점수 폭이 커지는 과목이 국어다. 점수가 널뛰기 하는 것이다.

이제 중학교 과정에서 국어공부를 잘하기 위해서 필수적으로 학습해야 할 내용들을 살펴보겠다. 학교 국어 수업을 위해 꼭 알아야 하는 내용을 문학과 비문학, 문법 부분으로 나누어 정리했다. 한국교육과정평가원의 지침을 기본으로 했고, 시험에 잘 나오는 내용 위주로 살을 붙이고 사례를 추가해서 정리했다. 국어 실력의 바탕이 되는 내용들이고, 특히 읽기 능력을 향상시키기 위한 내용들이라 공부하는 데 도움이 된다. 전체적인 핵심만 정리했기 때문에 더 구체적인 것은 수업, 교과서, 자습서를 통해서 반드시 보충해야 한다.

## 읽기 능력을 위해 중1이 꼭 정리해야 할 교과서 핵심 학습

### 1. 문학

다양한 문학적 표현 방식의 특징과 효과, 갈등 구조를 이해해야 한다. 이를 문학 작품 감상에 적용하며 읽어야 한다. 이 시에서는 비유법이 사용돼서 이러한 효과가 있다는 것을 느끼며 읽어야 한다. 마찬가지로 이 소설에서 이 내용은 과장법을 사용했고, 그럼으로써 이런 효과가 있다는 것을 알아야 한다. 소설에서는 인물 간의 갈등을 제대로 파악해야 한다. 시험문제에서 빠지지 않는 부분이다. 또한 자신의 주체적인 관점에서 타당한 근거를 들어 작품을 해석할 줄 알아야 한다. 그리고 작품을 읽고 나서 평가할 수 있어야 한다. 또한 자신의 생각과 감정을 효과적으로 전달하기에 적절한 다양한 문학적 표현 방식을 선택할 줄도 알아야 한다.

## 1) 문학적 표현 방식

다양한 문학적 표현 방식의 특징과 효과를 알아야 한다. 문학적 표현의 핵심은 형상화이다. 정서를 표현할 때 직접적으로 드러내지 않고, 구체적인 사물을 통해 간접적으로 드러낸다. 예를 들면 시를 공부할 때는 비유, 상징, 운율 등의 표현 방식에 대한 이해를 충분히 해야 한다. 시 작품을 읽으면서 문학적 표현 방식이 드러난 부분을 찾고, 그것의 의미와 문학적 효과를 이해할 수 있어야 한다. 나아가서 다양한 문학적 표현 방식을 활용하여 자신의 생각과 감정을 표현할 수도 있어야 한다.

## 2) 갈등의 과정과 결과

소설을 잘 이해하기 위해서는 갈등 구조를 잘 알아야 한다. 갈등에는 내적 갈등과 외적 갈등이 있다. 갈등을 이해하지 못하면 헛공부하게 된다. 갈등 구조를 표로 그려가며 소설을 읽는 것도 좋은 방법이다. 그러다 보면 문학작품을 감상하는 능력도 탁월해진다. 그 정도로 갈등 구조는 중요하다. 갈등의 진행과 해결 과정을 알면 작품은 거의 이해했다고 봐도 무방하다.

## 3) 작품의 해석과 평가

수준 높은 국어공부를 하기 위해서는 문학작품을 무의식적으로 또는 맹목적으로 읽어서는 곤란하다. 자신의 주체적인 관점에서 타당한 근거를 들어 작품을 해석하고 평가할 수 있어야 한다. 문학작품을 다양한 관점과 방법으로 근거를 들어 해석할 수 있어야 한다. 그러기 위해서는 배경지식과 생각하는 힘이 있어야 한다.

## 2. 비문학

다양한 설명 방식과 읽기 목적에 따른 읽기 방법의 차이를 정확하게 이해하고 있어야 한다. 적절하고 구체적인 예도 제시할 수 있어야 한다. 글을 예측하며 읽는 전략과 글을 요약하는 전략, 글에 사용된 자료의 효과와 적절성을 판단하는 전략을 효과적으로 사용하여 글을 읽을 수 있어야 한다. 주어진 글과 다양한 유형의 새로운 글을 읽는 목적과 상황을 고려하여 능동적이고 비판적으로 읽는 태도를 갖추어야 한다.

### 1) 읽기 전략

교과서에서 다양한 유형의 글을 읽게 되는데, 이때 읽는 목적에 따라 적절한 읽기 전략을 사용하여야 한다. 설명문을 읽을 때는 설명문에 맞는 읽기 전략을, 논설문을 읽을 때도 논설문에 맞는 읽기 전략이 있어야 한다. 수필을 읽을 때는 수필에 맞는 읽기 전략을 세워야 한다. 읽기 전략에 대한 적절하고 구체적인 예를 들어 제시할 수 있어야 한다. 설명문을 읽을 때는 정보의 이해라는 측면에서, 논설문의 경우에는 주장과 근거 측면에서, 수필의 경우에는 경험과 체험을 살펴서 읽어야 한다. 읽을 때는 비판적으로 읽고, 능동적으로 읽는 태도를 지녀야 한다.

### 2) 설명 방식

작품에 활용되는 다양한 설명 방식을 알아야 한다. 꼭 알아야 하는 설명 방식에는 정의, 예시, 비교, 대조, 분석, 분류, 열거, 인과 등이 있다. 각각의 개념과 사례를 충분히 정리해 놓아야 한다. 작품의 특징이 예시를 사용하고 있는지, 대조의 방법을 사용하고 있는지 파악하고 메모해 가면서 읽어 나가자.

### 3) 예측하며 읽기

글을 예측하며 읽는 습관이 필요하다. 글의 결말은 어떻게 될 것인지, 필자의 주장과 의도는 무엇인지, 읽고 있는 글이 사회에 미칠 효과 등을 예측하며 읽을 수 있어야 한다. 텍스트와 텍스트를 둘러싼 다양한 요소를 예측하는 능력을 길러야 한다.

### 4) 작품 분석

글에 제시된 다양한 자료의 효과와 적절성을 평가할 수 있어야 한다. 필자의 의도를 비롯해서 글의 내용, 글이 소통되는 맥락 등을 고려하여 글이나 매체에 제시된 도표, 그림, 사진 등의 기능과 역할을 알아야 한다.

### 5) 요약하기

설명문, 논설문, 수필 등 읽는 목적에 따라 적절한 방법으로 글의 내용을 요약할 수 있어야 한다. 요약할 때는 중심 내용의 선정, 세부 내용이나 반복되는 내용의 삭제, 상위 수준으로의 일반화, 중심 내용의 재구성 등 요약하기 전략을 사용해야 한다.

## 3. 문법

언어의 본질과 기능, 음운체계, 품사 분류, 단어의 짜임 등에 대해 알아야 한다. 이를 국어의 발음 및 단어 사용에 활용할 수 있어야 한다.

### 1) 언어의 본질과 기능

실제 언어생활과 관련지어 언어의 본질을 설명할 수 있어야 한다. 언어의 자의성, 규칙성, 사회성, 역사성, 창조성 등이 무슨 말인지 알고, 이에 대하여 실제 언어생활에서 적절한 예를 들어 설명할 수 있어야 한다.

### 2) 음운체계

국어 자음체계와 모음체계의 개념과 특징을 설명할 수 있어야 한다. 모음의 길이가 뜻을 구별하는 기능을 한다. 이때 구체적인 예를 찾아 설명할 수 있어야 한다.

### 3) 품사 분류

품사의 개념과 분류 기준을 설명할 수 있어야 한다. 품사에 관한 전반적인 지식을 알아야 하고, 이를 단어 사용에 적용할 줄 알아야 한다. 초등학교에서는 실제 언어활동 능력이 중요한 데 비해, 중학교 수준에서는 학생이 이해한 바를 설명할 수 있는 능력이 보다 중요하다.

### 4) 단어의 형성

단어의 짜임 등에 대해 탐구하고, 복합어를 이루는 형태소들의 성격에 따라 합성어와 파생어로 구분할 수 있다.

## [ 읽기 능력을 위해<br>중2가 꼭 정리해야 할 교과서 핵심학습 ]

학생들은 국어문법을 상당히 어려워한다. 최근 수능에서 문법 비중이 늘어났다. 고1 과정 내신에서도 어법을 비중 있게 다루고 있다. 고등학교에 올라가서 당황하지 않으려면 중학교 문법을 잘 공부해야 한다. 1학년 문법을 통해서도 느꼈겠지만 만만치가 않다. 2학년 문법도 까다롭기는 마찬가지다. 일반적으로 문학과 비문학은 외워서 푸는 문제가 아니지만, 문법만큼은 외워야 할 것도 많고 복잡한 내용도 많아 힘들어한다. 해결 방법은 반복이다. 주기적으로 반복해서 국어문법을 내 것으로 만들도록 노력해 보자.

## 1. 문학

화자나 시점의 개념에 대해서 충분히 이해하고 있어야 한다. 작품의 구조적 특징을 파악하고 화자나 시점의 변화에 따라 달라지는 작품의 내용과 분위기를 깊이 이해할 수 있어야 한다. 작품의 창작 의도와 소통 맥락을 고려하며 다양한 관점과 방법으로 타당한 근거를 들어 작품을 해석하는 능력도 갖추어야 한다. 이에 따라 자신의 상황에서 주체적으로 작품을 수용할 수 있어야 한다. 자신의 일상에서 의미 있는 경험을 선택하여 다양한 문학 갈래로 능숙하게 표현할 수 있어야 한다.

### 1) 화자와 시점

화자와 시점의 개념을 확실히 정리해야 한다. 소설의 화자란 일명 서술자라고도 하며 시점을 구분하는 데 가장 중요한 역할을 한다. 시점이란 작가가 한 이야기를 이끌어 나갈 때 중심이 되는 관점을 말한다. 즉 글의 서술자라고 할 수 있다. 크게 1인칭 시점과 3인칭 시점으로 나누고 각각 두 가지씩으로 다시 분류한다. 화자나 시점의 변화에 따라 작품의 분위기와 내용이 달라진다. 시나 소설에서 작품 안에 형상화된 세계가 누구의 눈을 통하여 독자에게 전달되고 있는지를 파악해야 작품을 제대로 읽어 낼 수 있다. 작품의 구조적 특징을 이해하고 작품을 깊이 있게 수용해야 한다. 특히 작가와 화자의 관계를 파악하고 화자나 시점의 변화에 따라 작품의 분위기와 내용이 어떻게 변화하는가를 중심으로 작품을 수용할 수 있도록 한다.

### 2) 작품의 창작 의도와 소통 맥락

작품의 내용 혹은 배경이 되는 사회적·문화적 상황을 바탕으로 작품의 창작 의도를 추측하여 작품을 수용할 수 있다. 문학작품에 나오는 문화적 배경지식이 있어야 작품을 수월하게 이해할 수 있다. 작품의 시대적 배경을 아는 것은 작품을 이해하는 데 상당히 도움이 될 때가 많다. 그 시대적 배경을 파악할 때는 작품 속에 있는 어휘라든지, 비유하는 대상에 대해 잘 살펴보자.

시대적 배경을 알아야 하는 작품인 경우에는 먼저 당시 역사적 배경이나 문학사를 읽고 나서 책을 읽으면 내용을 이해하는 데 도움이 된다. 앞에서 이야기했지만 『호밀밭의 파수꾼』도 2차 세계대전 후의 미국 사회상을 알고 나서 읽으면 홀든을 통해서 작가가 무엇을 얘기하고 싶은지에 대해 이해가 된다. 또한 김유정의 「동백꽃」, 「봄봄」도 마찬가지다. 당시 우리나라 사회현실을 알고 읽으면 아픔과 공감을 할 수 있다.

### 3) 수필문학의 특징 알기

문학의 종류로는 시, 소설, 수필, 희곡, 평론 등이 있다. 이 중에서 수필은 작가 개인의 경험과 체험, 인생관이 잘 드러나 있다. 의미 있는 경험을 표현한 작품을 다양하게 읽고, 어떤 경험이 담겨 있으며, 그것을 어떻게 표현하였는지 등을 구체적으로 파악할 수 있다.


## 2. 비문학

주장하는 글의 구조와 특징, 의도를 효과적으로 표현하는 다양한 방법을 정확하게 이해하고 있어야 한다. 또한 적절하고 구체적인 예를 들어 설명할 수 있어야 한다. 글의 내용을 토대로 창의적인 질문을 생성할 수 있고, 동일한 대상에 대한 서로 다른 관점을 명확하게 비교할 수 있어야 한다. 글의 내용과 표현의 타당성을 비판적이고, 능동적으로 평가하며 읽는 태도도 필요하다.

### 1) 주장하는 글과 논증 방식

주장하는 글의 구조와 특징, 의도를 효과적으로 표현하는 다양한 방법을 정확하게 이해하고 적절하고 구체적인 예를 들어 설명할 수 있어야 한다. 주장하는 글을 읽고, 논증 방식을 파악해야 한다. 주장하는 글에서 귀납, 연역, 유추, 문제 해결의 논증 방식을 구분하고 특징을 알 수 있어야 한다.

### 2) 꼬리에 꼬리를 무는 질문

글의 내용을 토대로 창의적으로 다양한 질문을 생성할 수 있어야 한다. 또한 질문을 생성하며 읽기의 필요성에 대해 구체적인 예를 들어 설명할 수 있어야 한다.

### 3) 관점과 내용의 차이 비교

동일한 대상에 대한 서로 다른 관점을 명확하게 비교할 수 있어야 하며, 동일한 대상을 다룬 서로 다른 글을 읽고 관점과 내용의 차이를 비교할 수 있어야 한다. 글에서 다룬 대상과 이에 대한 필자의 관점을 이해하고 글에서 그 근거를 찾아 말할 수 있어야 한다.

### 4) 표현 방식의 효과 평가

글의 내용과 표현의 타당성을 비판적 능동적으로 평가하며 읽는 태도가 필요하다. 글을 읽고 필자가 사용한 비유, 강조, 변화, 관용 표현 등의 표현 방식과 효과를 파악할 수 있어야 한다.

## 3. 문법

음운변동의 규칙성, 문장의 구조, 어휘의 유형, 어문 규범의 원리와 내용을 공부한다. 그리고 이를 국어의 발음, 단어나 문장 사용, 규범 적용에 활용할 수 있어야 한다.

### 1) 음운변동의 규칙성

실제 표기와 실제 발음이 일치하지 않는 모든 경우를 '음운변동'이라 한다. 예를 들면 '불놀이'가 '불로리'로 발음되는 경우이다. 음운변동의 규칙성을 탐구할 수 있어야 한다. 음운변동과 발음의 원리에 관한 지식으로 구성되는데, 음운 변동의 규칙성을 탐구하고 자연스러운 발음의 원리를 이해해야 한다.

### 2) 문장의 구조

문장의 구조, 겹문장의 구조와 의미를 파악하고 겹문장을 만들 수 있어야 한다. 문장 성분과 문장 종결 방식, 겹문장에 관한 지식과 이를 문장 표현에 적용하는 것으로 구성된다. 겹문장은 실제로 많이 사용되지만 정확하게 표현되지 않는 경우가 많으므로 문법 지식의 적용이라는 차원에서 접근해야 한다.

### 3) 어휘의 유형과 의미관계

국어의 어휘를 어원, 사용 계층 및 집단, 사용 분야 등 다양한 기준에 의해 유형화하고, 있고 문장 속에서 적절하게 사용할 수 있도록 한다.

### 4) 어문 규범의 원리와 내용

어문 규범의 원리와 내용을 탐구하고, 어문 규범의 주요 원리와 내용을 설명할 수 있어야 한다. 초등학교 단계에서 한글 맞춤법에 집중되던 규범 교육을 표준 발음, 로마자 및 외래어 표기법으로까지 확대하는 내용이기 때문에 학습자의 수준에 적합하다.

## 읽기 능력을 위해
## 중3이 꼭 정리해야 할 교과서 핵심학습

교과서 작품을 읽어 나가면서 지은이가 원하는 대화 주제를 찾아보고, 이해가 되지 않는 부분은 질문도 해 보고, 내 생각과 맞는 부분에는 공감도 해 보자. 때로는 비판도 하면서 작품을 읽어야 제대로 읽기를 하는 것이다. 지은이의 의견에 적극적으로 찬성이나 반대를 표현함으로써 우리는 그 작품에 대해서 더 깊이 이해할 수 있고, 더 많이 느낄 수 있다.

# 1. 문학

작중 인물과 사건을 통해 작품이 창작된 사회·문화·역사적 상황을 파악하는 능력을 기르자. 반어·역설·풍자 등의 표현 방식의 특징과 효과에 대한 깊이 있게 이해하고 있어야 한다. 이를 바탕으로 작가의 태도를 추측하고 작품 전체의 의미를 깊이 있게 이해할 수 있어야 한다. 또한 반어·역설·풍자 등의 표현 방식을 효과적으로 활용하여 자신의 의도를 참신하게 표현할 수 있어야 한다. 문학의 다양한 가치를 인간의 보편적 삶과 관련지어 이해할 뿐만 아니라, 자신의 삶과 관련지어 내면화하려는 태도도 갖추어야 한다.

## 1) 인물과 사건 통한 작품 분석

역사를 미리 알고 작품을 이해하는 것이 아니라, 작품을 읽으면서 작중 인물과 사건을 통해 작품이 창작된 사회·문화·역사적 상황을 파악해 보자. 문학작품에 등장하는 인물의 말과 행동, 인물들 간의 관계, 다양한 사건 등을 통해 작품에 드러난 사회·문화·역사적 상황을 파악할 수 있어야 한다. 이렇게 되면 대단히 높은 수준의 읽기다.

## 2) 반어·역설·풍자 등의 표현 방식

반어·역설·풍자 등의 표현 방식의 특징과 효과에 대한 깊이 있는 이해를 바탕으로 작가의 태도를 추측하고 작품 전체의 의미를 깊이 있게 이해해 보자. 또한 반어·역설·풍자 등의 표현 방식을 효과적으로 활용하여 자신의 의도를 참신하게 표현할 수 있도록 한다.

### 3) 표현에 드러나는 작가의 태도

표현에 드러나는 작가의 태도에 주목하며 작품을 이해하고 표현한다. 작가는 문학의 다양한 가치를 인간의 보편적 삶과 관련지어 이해할 뿐만 아니라 자신의 삶과 관련지어 내면화하려는 태도가 뚜렷하다.


## 2. 비문학

읽기의 가치와 중요성을 인식하고 있어야 한다. 글의 의미를 자신의 삶과 관련지어 능동적으로 해석할 줄 알아야 한다.

### 1) 읽기의 가치와 중요성

읽기의 가치와 중요성을 인식하고 구체적인 예를 들어 설명할 수 있어야 한다. 읽기의 과정과 원리를 정확하게 이해하여 자신의 읽기 과정을 효과적으로 조절하고 재구성할 수 있어야 한다.

### 2) 글의 의미와 삶

글의 의미를 자신의 삶과 관련지어 능동적으로 해석하면서 자신의 정체성을 형성하려는 태도가 있어야 한다. 자신의 삶과 관련지으며 글의 의미를 해석하고 독자의 정체성을 형성해야 한다.


## 3. 문법

문법 요소의 특징, 담화의 개념과 특징, 한글의 창제 원리와 가치에 대해 설명할 수 있어야 한다. 이를 바탕으로 담화 상황에 맞는 국어 생활과 올바른 문자 생활을 할 수 있다. 그리고 적절한 담화를 구사하고 올바른 문자 생활을 하려는 태도가 뚜렷해야 한다.


### 1) 문법 요소의 특징과 담화

높임법의 문법 요소를 이해하고 담화 상황에 맞게 사용할 수 있어야 한다. 피동·사동을 나타내는 문법 요소를 이해하고 담화 상황에 맞게 사용할 수 있어야 한다.


### 2) 담화의 개념과 특징

지역, 세대, 성별, 다문화 등의 사회·문화적 맥락과 관련된 언어 변이 현상을 설명할 수 있어야 한다.


### 3) 한글 창제의 원리

한글 창제의 원리와 가치에 대해 설명할 수 있어야 한다. 한글의 우수성과 과학성은 물론, 한글 창제의 정신과 동기를 이해할 수 있다.

## 02

교과서 작품을 여러 번 읽고,
# 깊이 있게 생각해서
## 독해력을 길러라

독(讀)은 하면서 해(解)는 안 되는 학생들의 대체적인 특징은 맥락을 파악하는 독해 능력이 부족하기 때문이다. 이것을 해결하는 방법은 일단 많이 읽어야 한다. 독해 능력이 하늘에서 뚝 떨어지는 것도 아니고 읽지 않고 해결할 수 있는 방법은 없다. 공부를 잘하는 한 3학년 여학생은 항상 자기보다 성적이 좋은 친구를 가리키며 이렇게 얘기했다.

"선생님, 쟤는요, 시험이 쉬울 때나 어려울 때나 국어를 항상 백점 맞아요. 저는 영어, 수학은 잘하는데 국어는 자신이 없거든요. 그런데 이 문제는 쟤도 틀렸을 거야 생각해도 다 맞는다니까요."

그것은 바로 독해력이 받쳐주기 때문이라고 얘기해 주었다. 시험 때마다 국어를 100점 맞는 학생과 대화를 해 보니 초등학교 때부터 책을 좋아했고, 중학생이 되고 나서도 책 읽는 것을 게을리 하지 않았다. 무엇보다 나름대로 책 읽는 방법을 터득하고 있었다. 책 읽기 전에, 책 읽으면서, 책 읽고 나서의 습관이 잘 배어 있었다. 그 학생에게 특별히 국어 실력의 비결이 있느냐고 물었더니 이렇게 대답했다.

"미리 학교 교과서에 있는 작품들을 대부분 읽고 나서 수업을 들었어요. 그랬더니 선생님의 설명이 머릿속에 잘 들어 왔고요. 작품의 중심 내용 파악도 중요하지만 국어시험은 그게 다가 아니잖아요. 선생님이 수업시간에 하신 말씀을 잘 들었더니 무엇이 시험에 나올지 알겠더라고요. 그게 다입니다."

결국 이 학생은 책을 읽으면서 자신의 생각을 정리하고, 수업을 들으면서 '작품 분석은 이렇게 하는구나.'를 터득하며 독해 능력을 키웠던 것이다.

사실 국어만 독해력이 요구되는 게 아니다. 수학의 원리를 이해하기 위해서도 독해력이 필요하다. 7차 교육 과정 이후 수학에서는 수식을 세우는 데 필요한 조건을 문장으로 길게 설명하는 '문장형 문제'가 늘어나고 있다. 내용 구성도 스토리텔링이 많아졌다. 이런 새로운 수학문제를 해결하기 위해서는 단순한 계산만이 아니라 문제를 읽고 해석하여 해결하기 위해서는 독해력이 필요하다. 이렇게 독해력이 높을수록 수학에서의 학업 성취에 효과가 있다. 사회, 역사, 과학도 마찬가지다.

사회의 복잡한 현상을 이해하기 위해서도 독해력이 필요하다. 이뿐인가. 역사의 인과관계를 이해하는 데도 독해력이 필요하다. 과학의 실험 과정을 이해하기 위해서도 독해력이 있어야 한다. 그 이유는 문제가 요구하는 바를 정확히 파악해 조건에 맞게 답안을 작성하는 '서술형 문제'가 많이 출제되고 있기 때문이다. 이렇게 독해력은 국어와 무관해 보이는 수학뿐 아니라 사회, 역사, 과학 과목의 학업 성취에서도 중요한 변수로 작용한다.

연구 논문은 이러한 독해력의 중요성을 입증하고 있다. '중학생의 독서 능력과 학업 성취도의 관계 분석'이라는 논문에 의하면 학업 성취도에서 독해력이 차지하는 비중이 국어 33.3%, 사회 29.8%, 영어 28.9%, 과학 27.7%, 수학 22.6%라고 분석하고 있다.


성적이 오르지 않는 이유에는 몇 가지가 있다. 성적이 좋은 학생보다 훨씬 더 많은 시간을 공부에 투자했는데도 성적이 오르지 않는다면 그 이유가 무엇일까? 머리가 나빠서일까? 집중력이 부족해서일까? 아니면 학습 동기가 약해서일까? 이렇게 성적에는 다양한 요소가 영향을 미칠 수 있지만, 일단 독해력을 의심해 볼 필요가 있다. 이해가 안 되고 분석이 안 되기 때문이다. 학생들을 대하다 보면 어쩌면 독해력이 학습 부진의 결정적인 요소일 수도 있겠다는 생각이 들 때도 많았다.

결국 독해력은 사고력에서 출발하는데, 이 부문의 연구 결과를 보자. 사실적 사고 능력에서는 초등학생 그룹의 상·하 집단의 차이가 13%, 중학생 그룹의 상·하 집단의 차이가 17%에 이르지만, 추론적 사고 능력에서는 초등학생 그룹의 상·하 집단의 차이가 42%, 중학생 그룹의 상·하 집단의 차이도 42%에 달한다. 학업 성적이 높은 집단과 낮은 집단을 비교해 보면 사실적 사고 능력에 비해 추론적 사고 능력에서 현저한 차이를 보인다. 사실적 사고 능력과 추론적 사고 능력은 대략 이해하고 있을 것이다. 사실적 사고 능력은 드러나 있는 정보를 이해하는 능력이고, 추론적 사고 능력은 내용에서 감추어진 이면의 정보를 파악하는 능력이다. 구체적으로 추론적 사고력을 높이는 방법들은 Part 03에서 설명할 것이다. 여하튼 이러한 연구 결과의 의미는 독해력의 차이가 사실적 사고 능력보다 추론적 사고 능력에서 나타난다는 일반적인 이론과 일치하는 결과인 셈이다.

정리해 보면, 독해력은 일반적으로 사실적 사고 능력, 추론적 사고 능력, 비판적 사고 능력의 수준으로 발전된다. 그런데 독해력의 수준이 높아질수록 학업 성취도는 높게 나타났다. 이를 통해 독해력이 학교 성적이 높은 학생과 낮은 학생을 구분하는 기준이 된다는 것을 알 수 있다. 이러한 독해 능력 향상은 짧은 기간에 이루어지지 않는다. 평소에 글을 읽는 습관과 지속적인 훈련을 통해서 만들어진다. 무엇보다 국어에서 중요한 것은 '푸는 것'이 아니라 '읽는 것'이라는 사실을 알아야 한다.

독해 능력에서 가장 기본이 되는 것은 교과서 작품을 읽으면서 작품에서 이야기하고 있는 중심 내용을 순차적으로 이해하고 중심 내용을 정리하는 것이다. 각 문단마다 주제를 논리적으로 찾아낼 수 있어야 한다. 문학에는 시와 소설이 대표적이지만, 각각 독해법이 다르다. 시의 경우 상징, 비유, 심상 등의 특징을 잘 파악하는 것이 필요하다. 이때 긍정적인 단어, 부정적인 단어 등에 자신만의 표시를 하면 비슷한 성격을 가진 시어를 파악하기 쉬울 것이다.

소설의 경우는 주제, 배경, 시점 등을 스스로 파악하는 힘을 기르는 것이 필요하다. 특히 문단 중심으로 끊어 읽기를 해 보자. 설명문이나 논설문은 문단 끊어 읽기가 수월하다. 소설에서의 문단 끊어 읽기는 시간과 공간을 따라가서, 즉 배경이 바뀌는 부분에서 끊어 읽기를 해 보자. 이것이 중요하다. 또한 인물의 등장과 퇴장에 따른 끊어 읽기도 가능하다. 그리고 장면에 등장하는 인물들의 관계를 파악해야 한다. 즉, 인물들의 성격과 갈등을 이해하는 것이다. 시에서 상황 이해가 중요했던 것처럼 소설도 마찬가지다.

필자가 중·고등학교 졸업한 지 수십 년이 지났어도 역사에서 무신정변을 이해하고 있고, 과학에서 삼각주를 이해하고 있는 것과 같은 이치다. 역사에서는 사건, 과학에서는 현상에 주목하는 것처럼 주제, 상황, 장면 등으로 국어 읽기를 하면 이해와 기억이 오래간다.

국어공부의 전부는 독해력이라고 해도 과언이 아닌 만큼 읽기 능력이 중요하다. 독해에서 학생들이 힘들어하는 부분이 맥락 파악이다. 맥락이라는 말을 많이 듣는다. 학생들과 작품 읽기를 해보면, 글의 맥락을 파악하는 능력이 많이 떨어짐을 알 수 있다. 그럼 이 맥락을 이해한다는 것이 어떤 의미일까?

아마도 맥락 파악이 어떤 의미인지 제대로 이해하려면 실질적인 문제를 가지고 풀어 보면 더 쉽게 다가온다. 문제를 풀고 난 후에 맞혀 볼 수 있도록 답도 정리해 놓았다.

**문제〉** 아래 내용은 임진왜란이 일어나자 이순신, 권율, 등의 명장을 등용하고 영의정이 되어 군비확충과 군대양성을 역설하여 국력강화에 힘을 쏟은 유성룡의 어릴 적 이야기이다. 이 글을 능동적으로 읽지 못한 학생은? (단 〈보기〉의 요소들을 고려할 것)

조선시대 일이다. 원님이 행차하고 있었다. 사람들은 모두 엎드려 고개도 들지 못하고 있는데, 근처 서당에서 글공부하던 아이들이 원님 얼굴 한 번 본다고 나무 위에 올라가 있다가 아래를 향해 오줌을 누었다. 화가 난 원님이 호통을 치니까 한 아이가 이렇게 아뢰었다.

"어릴 때는 그럴 수도 있지요."

그 대담성이 기특해서 원님은 행차를 멈추게 하고 말했다.

"호, 고놈 봐라. 용기가 가상하구나. 글을 배웠니?"

"배웠지요." 하고 아이가 대답했다.

"문장 한 수 하면 용서하마."라고 원님이 말했다.

"그대는 먼저 나서 원님이 되었고 나도 뒤따라 갈 것입니다. 봄에는 난초 피고 가을에는 국화가 필 것인즉 지금은 봄이니 당신이 피었고 가을이 오면 내가 필 것이다."라고 아이가 당당하게 말했다.

이에 원님은 크게 될 아이라고 생각하며 아이들을 용서하고 행차를 계속 했다.

---
─── (보 기) ───

- 자신의 경험이나 지식을 글 읽기에 활용하고 있는가?
- 글에 나타난 정보를 충분히 이해하여 글 읽기에 활용하고 있는가?
- 글의 맥락을 정확하게 파악하며 글을 읽고 있는가?
---

① 윤호 : 아이들이 실수한 건 맞지만, 유성룡의 배짱으로 인해서 위기를 넘긴 것은 다행이라고 생각해.

② 태환 : 뜻하지 않은 사건으로 화가 난 원님의 모습, 원님의 호통에 아이들이 당황하는 모습이 상상되었다. 당연히 아이들이 혼나겠다고 생각했는데 역시 반전이 있어서 이야기가 재미있었다.

③ 재철 : 친구는 닮아간다고 하잖아. 친구는 가려서 사귀어야 하는 거야. 유성룡은 더 이상 이런 못된 친구들과 함께 놀지 않는 것이 좋을 것 같아.

④ 미현 : 나도 덤벙거려 실수를 많이 하는 편이라 공감이 가는 글

이었어. 잘못인 줄 알면서 행동하는 실수는 하지 말아야 해. 이 글을 통해 타인에게 피해를 주는 실수를 하지 말아야겠다는 다짐을 하게 되었어.

⑤ 정아 : 원님에게 오줌을 눈 아이들은 원님이 간 다음에 유성룡에게 미안하기도 하고 부러워도 했을 거야. 이 이야기는 공부를 열심히 하라는 교훈도 주는 것 같아. 나도 이제부터 똑똑해지도록 책을 많이 읽어야겠어.

---

### ▪ 정답 해설

제시된 글은 친구들의 실수를 배짱과 지혜로 넘긴 유성룡의 이야기다.

①에서 윤호는 유성룡의 배짱을 통해 아이들의 실수를 무사히 넘긴 이야기의 흐름을 정확하게 파악하고 있다. 이는 글에 나타난 정보를 이해하며 이야기의 맥락을 정확하게 파악하였기 때문에 가능하다.

②에서 재철 역시 사건전개, 인물의 감정표현, 이야기의 반전 등 글에 나타난 정보들을 정확하게 파악하여 글이 재미있었던 요소들을 날카롭게 짚어내고 있다

④에서 미현이는 자신의 경험을 뉘우치고 앞으로 살아갈 지혜를 깨닫게 됨으로써 글을 능동적으로 이해하고 있다.

⑤에서 정아는 상황에 적극적으로 공감하며 이야기가 주는 교훈을 자신의 처지에서 잘 깨닫고 있다.

그러나 ③에서 재철이는 이야기의 의도와 맥락을 제대로 파악하지 못하였다. 친구를 가려서 사귀어야 한다는 생각이 틀린 건 아니지만, 원님에

게 오줌을 눈 친구들을 유성룡이 함께 놀아서는 안 된다는 주장은 너무 지나친 해석이다. 친구들의 실수를 감싸주고 배짱과 지혜로 위기를 극복한 이야기다. 자신도 언제든지 실수할 수 있다는 생각을 가지고 상대방의 실수를 아량으로 대하는 자세가 필요하다. 그럼에도 재철이가 ③과 같이 반응하는 것은 글에 나타난 정보를 충분히 파악하여 그것을 글 읽기에 제대로 활용하지 못하였음을 보여 준다.

맥락 파악 능력은 비문학작품에서 많이 다루어진다. 비문학작품에서 맥락 파악 능력을 기르기 위해서 훈련해야 할 내용들은 다음과 같다. 설명문이나 논설문 같은 비문학의 경우는 '구조적 읽기 능력'을 키워야 한다. 구조적 읽기란 각 문단의 주제, 문단 간의 관계, 문단의 핵심어, 글 전체의 주제 문단 등을 파악하며 읽는 행위를 말한다. 예측하며 읽기가 잘 되어 있다면 첫 문단만 읽어도 뒤 문단의 내용이 어떻게 전개될지 예상할 수 있을 정도가 돼야 한다. 교과서에 등장하는 작품을 읽고 서론, 본론, 결론에 해당하는 내용이 무엇인지 간단하게 요약하는 습관을 들이도록 해 보자. 즉 문단을 요약하고, 중심 화제를 찾는 것이다.

교과서에 실린 비문학은 인문, 사회, 과학, 기술, 예술, 언어 등 다양하다. 그래서 평소에 책읽기, 신문의 칼럼, 잡지 등 다양하게 읽어 둘 필요가 있다. 같은 주제 아래 제시문만 달라질 뿐, 시험문제 유형도 비슷하다. 교과서 작품에서 자주 사용되는 어휘를 알아둘 필요가 있다. 그리고 같은 분야의 책을 읽으면서 이해와 어휘력을 높이면 된다. 자주 언급되거나 생소한 어휘는 어휘노트 등에 따로 정리를 해두면 좋다. 교과서 작품을 읽건, 원문을 읽건 글을 읽을 때 부담감을 가지지 말고 마음의 여유를 가지고 읽는 습관이 중요하다. 무엇보다 글이 주는 핵심과 필자가 강조하는 주제를 정확히 파악하려는 노력이 필요하다.

## 03

## 교과서에 등장하는
# 국어작품 읽기 방법을
## 제대로 실천하라

다양한 작품 읽기가 필요하다. 하지만 학생들은 어떤 작품을 읽어야 할지 스스로 선택하는 것을 어려워하고 있다. 이 어려움에 대해서 가능한 답을 찾아보자. 책읽기에서 문제는 학생들이 스스로 책을 골라 읽는 것이 아니라, 단순히 학교에서 읽으라는 책을 아무 생각 없이 읽는 경우가 많다는 점이다. 엄마나 선생님이 추천해 주는 책도 의미 있지만, 자신이 필요한 책을 골라 읽을 수 있다면 그것이 더 보람된 일이다. 중학생이라면 그 정도는 스스로 할 줄 알아야 한다. 어떤 책을 읽어야 할지 잘 모르겠다면, 이 방법을 활용해 보자. 도움이 될 것이다.

좋은 작품을 고르는 기술은 가까운 데 있다. 학교 공부와 연계되는 방법이기도 하다. 학교에서 국어 교과서에 수록된 작품을 공부한다.

이때 교과서의 작품을 배우면서 의미 있게 다가왔다거나 생동감 있게 느껴졌다면, 작품의 원문을 찾아서 읽는다. 교과서에 등장하는 작품은 대개 원문의 일부분이거나 부분적으로 섞어 놓은 것이다. 따라서 작품을 구해서 전체 원문을 읽도록 해 보자. 주로 단편소설이 많기 때문에 시간을 아껴서 읽으면 교과서 작품의 원문을 모두 읽을 수 있다.

예를 들면 김유정의 「동백꽃」을 공부하는 중에, 흥미가 생겨서 원문을 읽고 싶다는 생각이 들면 원문을 구해서 읽는다. 그런 다음에 다른 작가의 작품을 읽기보다는 김유정의 다른 작품들은 어떤 것이 있는지 살펴본다. 작품이 많다. 어떤 작품을 읽어야 할지 막막할 것이다. 대체로 청소년이 읽어야 할 소설이나 필독서 형태로 서점에 나와 있다. 작품 내용들을 살펴보고 읽을 만하다고 생각하면 읽으면 된다. 수업 중에 선생님이 이 작품은 읽어 보라고 말씀하시는 경우는 놓치지 말고 기억해 두었다가 꼭 읽도록 하자. 아니면 인터넷 서점에는 작품 내용의 개요가 나와 있으므로, 살펴보고 선택해도 된다. 방법은 여러 가지다.

하지만 김유정의 책들을 모두 읽어야 한다는 부담을 가져서는 안된다. 방대한 양을 모두 읽을 수도 없다. 훑어 보고 읽을 만한 책을 선택해서 읽으면 된다. 설사 김유정의 다른 작품을 읽지 않더라도 김유정의 작품들의 주된 내용을 통해 작가의 다른 작품 제목과 작가의 성향을 알아보는 것도 큰 의미가 있다. 여기까지 파악한 정보를 교과서에 메모해 두면 공부하는 데도 도움이 된다. 이러한 과정 자체가 하나의 능동적인 책읽기가 된다.

만일 김유정의 또 다른 작품 「봄봄」을 읽었다면 김유정의 작품세계에 한발 더 다가가서 알게 된다. 그런 다음에 또 할 일이 있다. 한 단계 더 나아가서 김유정에게 영향을 준 다른 작가의 작품을 찾아서 읽는다. 또는 김유정이 추천하는 작품이 있을 수도 있다. 그 작품을 찾아서 읽는다. 내가 받아들일 수 있는 수준의 책이 아니면 책 제목과 어떤 내용인지만 알아도 지혜로운 책읽기 습관이 된다. 이러한 방식은 세계적인 신화학자 조셉 캠벨을 비롯해 유명 작가들이 강조했던 방식이다. 필자도 이러한 방식으로 책읽기를 하고 있다.

지도했던 학생 중에 감수성이 풍부한 2학년 여학생이 있었다. 이 여학생이 김용택 시인의 「창우야, 다희야, 내일도 학교에 오너라」를 공부하다가 초등학생 때의 추억이 생각나 원문을 읽고 싶다는 생각이 들어서 도서관에서 책을 빌려 읽었다. 그런 다음에 김용택 시인의 시집도 읽고, 김용택 시인이 추천한 작품들이 어떤 것이 있는지 알아보았다. 김용택 시인이 추천한 작품들 중에 빈센트 반 고흐의 작품과 고은 시인의 작품 등이 있었다. 이 여학생은 고흐가 쓴 책 내용보다 고흐의 그림들을 보면서 고흐라는 화가에 대해 알게 되었다고 했다. 고은 시인의 작품 중에 『이중섭 평전』을 훑어 보고 아직은 선뜻 읽히지 않아서 중3 겨울방학 때 읽을 책 이름에 올려놓았다. 자기가 읽을 책을 스스로 선택하고 읽을 시기도 선택한 것이다.

이 여학생은 이 방법을 활용하면서 "선생님, 이런 식으로 작품을 읽으니까 추리탐정 같기도 하고 재미있어요. 김용택 시인님에 대해서 많이 알았어요."라고 했던 말이 기억난다. 아마도 좋은 작품들을 찾아가는 과정에 흥미를 느껴 책읽기가 더 좋았을 것이다.

꼭 소설만이 아니라, 비문학작품도 마찬가지다. 교과서에는 여러 비문학작품이 등장한다. 예를 들면, 어떤 학생이 곤충에 관심이 많은데, 교과서에 등장하는 〈개미와 말한다-최재천〉를 읽고 원문인 『개미제국의 발견-최재천』을 읽는다. 마찬가지로 최재천 교수의 다른 글들도 읽어 보고 최재천 교수가 추천하는 작품들도 읽어 보자.

### 교과서 작품 읽기 확장하기

교과서 작품 읽기

↓

원문 찾아서 읽기

↓

작가의 다른 작품 읽기

↓                    ↓

작가에게 영향을 준 다른 작가나 작품 읽기      작가가 추천하는 작품 읽기 엄마나 학교에서 추천해 준 작품 중에도 끌리는 작품이 있다면 이런 방법으로 읽어도 좋다. 이렇게 자신에게 필요한 작품을 골라 읽으면서 한 뼘 한 뼘 성장하는 것이 중요하다.

그리고 작품 선택하기에 앞서 살펴보기는 중요한 작품 읽기 방법이다. 훑어보기와 같은 말이다. 이 방법에 대해서는 설명이 필요하다. 간단한 훑어보기 방법을 알고 있으면 작품 선택이 손쉬워진다. 앞서도 얘기했지만 대체로 학생들은 엄마나 학교에서 추천하는 작품들을 주관 없이 받아들여 읽어 나간다. 물론 좋은 작품이니까 추천해 주었을 거란 생각이 들지만, 그래도 한 번쯤은 이 작품이 나에게 맞는가, 이 시점에서 읽을 수 있는 작품인가, 정독해야만 하는 작품인가, 아니면 가볍게 보아도 되는 작품인가 등등을 고려해 보아야 한다. 이것을 훑어보기이다.

의외로 상당수의 학생들이 훑어보기를 하지 않고 무작정 작품을 읽고 있다. 훑어보기를 할 때 제목, 목차, 머리말, 읽기 편한 활자와 여백, 이미지, 주된 내용이 무엇인지 빠르게 본다. 이때 머리말(서문)은 꼭 읽어 보기 바란다. 앞에서도 강조한 바 있지만, 대부분의 작가들은 머리말에서 말하고 싶은 중심 내용을 담아 내고 있다. 이 부분만 잘 이해해도 작가가 무엇을 얘기하고 싶은 건지 파악이 가능하다. 이렇게 해서 정독할 만한 작품이면 정독하고, 아직 읽기에 이르다고 생각하면 보류해 둔다. 또는 한두 챕터만 보고 싶다면 그 부분만 집중해서 볼 수도 있다. 훑어보기의 시간은 대략 10여 분에서 30분이면 충분하다. 훑어보기 훈련이 안 되어 있으면 작품을 선정할 때 처음에 어려울 수 있는데, 몇 번만 스스로 해 보면 느낌이 온다.

## 04

### 가장 기본이 되는
### 어휘공부, 단순하게
### 하지 마라

'나는 하루에 몇 개의 어휘를 읽는가?'를 스스로에게 물어야 한다. 무엇보다 읽는 어휘의 양이 많아야 한다. 학생들에 따라서 하루에 1,000개 이하의 어휘를 읽는 학생도 있고, 5,000여 개의 어휘를 읽는 학생도 있고, 10,000개 이상의 어휘를 읽는 학생도 있다. 이 숫자는 학교 수업과 학원 수업에서 읽는 어휘를 뺀 숫자다. 책이든 교과서든 자습하면서 읽은 어휘를 말한다. 당연히 10,000개 이상의 어휘를 매일 꾸준히 읽는 학생의 읽기 능력이 좋아질 거란 추측은 누구라도 가능하다. 10,000개의 어휘라면 웬만한 단편소설 한 권분량이다. 교과서 한 페이지의 어휘를 세어 보면 하루에 대략 몇 개의 어휘를 읽는지 나온다. 많이 읽고 이해하고 뜻을 새겨야 한다.

워싱턴에 있는 링컨 박물관 입구에는 4층 높이의 책들이 쌓여 있다. 링컨 대통령에 관하여 쓰인 책들을 쌓아 놓은 것이다. 'The Tower of Books'라고 해서 많은 사람이 그 앞에서 발길을 멈춘다. 알다시피 링컨은 독서광으로 유명한 대통령이다.

앞에서 요즘 학생들은 수업 내용을 잘 이해하지 못한다고 말하면서, 그 이유가 읽기 능력이 부족하기 때문이라고 얘기를 했었다. 당연한 얘기지만 그것은 기본적으로 어휘력의 부족 때문이다. 어휘력이 부족하게 되면 이해력이 떨어지게 되어 있다. 그렇다면 어휘력을 높이려면 어떻게 해야 할까? 어휘 공부를 따로 하면 될까? 그게 아니라 국어공부를 선행하면 된다. 국어야말로 선행이 필요하다. 국어 과목이 중요 과목이라고 생각은 하면서도 영어, 수학과 달리 선행학습을 하기가 애매한 과목이라고 말하는 엄마들이 있다. 이건 잘못된 생각이다. 국어야말로 선행을 해야 되는 과목이다.

교과서의 작품 원문을 미리 읽고 수업을 들어야 하고, 고등학교 교과서에 등장하는 작품을 파악해서 미리 조금씩 원문을 읽어 두어야 한다. 이것이 선행이다. 책읽기를 많이많이 하라는 거다. 이것이 어려운가? 시간이 없다는 핑계로 못하고 있을 뿐이다. 따라서 어휘력을 높이는 첫 번째 방법은 다독이다. 다양하게 많은 책을 읽은 학생들은 어휘에 대한 두려움이 없다. 사실 어휘는 출제 범위를 한정할 수 없다. 그래서 더욱 다독이 필요하다. 고등학교에 올라가면 중학생 때 접하지 못한 많은 양의 문학작품을 경험하게 된다. 중3과 고1이라는 차이는 중1과 중2처럼의 차이가 아니다.


어휘력을 높이는 두 번째 방법은 한자공부다. 우리말 어휘에는 한자어가 많다. 학년이 올라갈수록 한자어가 낯설다 보니 더 힘들어한다. 한자어는 우리말의 70%, 교과서의 90% 이상을 차지하고 있다. 그 위력이 실로 대단하다. 그러니까 어휘공부가 한자공부라고 생각하면 된다. 한자공부를 열심히 해야 한다. 한자공부에 대해서는 뒤에서 자세하게 다루어진다.


학생들은 '어휘'와 '단어'와 '용어'를 같은 의미로 사용하는데, 정확하게 구분해서 알고 있어야 한다. 어휘는 단어와 용어로 구분된다.

첫 번째, 단어는 형식, 압축, 갈래, 주제 등과 같이 일반적으로 교과서에서 흔하게 읽을 수 있는 말이다. 교과서를 읽다가 문제집 지문을 읽다가 모르는 단어가 나오면 일단 표시만 해 놓자. 이때 중요한 것이 문맥에 맞게 유추해 보는 거다. 문단이 끝나거나, 장면이 끝날 때까지 읽고도 이해하지 못하면 그때 사전을 찾아보도록 해 보자. 이러한 단어들은 이렇게 문맥을 통하거나 사전 찾기를 통해 그 뜻을 알면 된다. 단어 이해가 부족한 상태에서 글을 읽으면 문맥 파악이 힘들고 글쓴이의 의도를 파악하는 데도 어려움을 갖게 된다.

두 번째, 용어를 이해하는 것이 개념을 이해한다고 생각하면 된다. 예를 들어 반어법, 함축적 의미, 시적 허용, 시적 화자의 어조, 공감각적 표현, 전지적 작가시점 등이 용어를 말하는데, 명확한 개념 이해가 필요한 어휘다. 예를 들면 반어법을 제대로 이해하기 위해서는 두가지 조건을 알고 있어야 한다.

하나는 말 그대로, ① 반대로 말하는 것을 뜻한다. 말하고자 하는 것과 반대로 표현하여 강조하는 표현 방법이다. 사례를 보면 김소월의 「진달래꽃」에서 '죽어도 아니 눈물 흘리우리다.'와 같은 표현이다. 이렇게 사례까지 정리하고 있어야 한다.

또 하나는 ② 역설법과 명확하게 구분해서 이해하고 있어야 한다. 역설법은 겉으로 보기에 말이 안 되는 표현이지만, 그 안에 참된 의미를 담고 있는 표현을 말한다. 한용운의 「님의 침묵」에서 '아아, 님은 갔지마는 나는 님을 보내지 아니하였습니다.'와 같은 표현이다. 반어법과 역설법이 헷갈리기 때문에 시험에 잘 나온다. 이 조건을 명확히 이해해야만 어휘공부를 잘하게 된다.

시적 허용도 마찬가지다. 시적 허용이 무슨 뜻인지는 대체로 잘 알고 있다. 하지만 그 이유를 정확히 알고 설명할 줄 아는 학생은 그다지 많지 않다. 세 가지 이유를 알고 있어야 한다.

① 운율을 형성하기 위해서이다.
② 의미를 강조할 때이다.
③ 주제를 효과적으로 표현하기 위해서다.

사례로 보면 서정주의 「국화 옆에서」에 나오는 '노오란 네 꽃잎이 피려고'의 노오란이 여기에 해당된다. 물론 다른 어휘들도 이와 같이 꼼꼼하게 이해하고 사례를 정리해야 하는 것은 물론이다.

## 어휘력을 키우는 방법

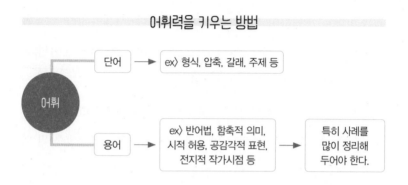

일반적으로 학생들은 어휘력에 대해서 착각하고 있는 것이 있다. '어휘력의 이해'란 새로운 어휘만 말하는 걸까? 모르는 어휘를 말하는 것일까? 단순하게 생각해서는 안된다. '어휘력의 이해'에 대해서는 다음 내용을 통해서 그 의미를 이해하게 될 것이다. 한국교육과정평가원이 제시하는 어휘공부를 기준으로 여러분이 이해하기 쉽게 정리해 보면 다음과 같다.

### 1) 어휘 · 개념은 정확하고 효과적인 어휘 사용 능력과 과목별 교육 과정에 제시된 기본 개념의 이해 능력이 측정 요소가 된다.

어휘라는 단독 표현을 사용하지 않고 '어휘 · 개념은~'이라고 표현하고 있다. 여기서 말하는 개념은 직전에 얘기했던 용어를 말한다. 국어에서 어휘를 안다는 것이 단순히 단어의 뜻을 아는 것이 아니라 개념을 이해해야 한다는 의미에서 이렇게 표현하고 있다는 것을 알아야 한다. 따라서 각 학년마다 익혀야 할 개념을 잘 공부해 놓아야 한다. 먼저도 얘기했듯이 어휘노트를 만들어 공부하면 좋다. 이 어휘노트에 단어와 용어를 구분해서 정리해 나간다.

**2) 어휘의 지시적·문맥적·비유적 의미를 이해하고 표현하는 능력을 길러야 한다.**

사전에 실린 어휘의 일반적 의미를 지시적 의미라고 한다. 즉 사실에 대한 정보를 주는 것이다. 단어를 지시적 의미로 사용하면 지식, 정보, 사실 등을 객관적으로 명확하게 전달할 수 있다. 예를 들면 '어린 동생은 자기의 나이를 손꼽아 세었다.'에서 '손꼽아'는 '손가락을 굽혀'의 뜻으로 지시적 의미로 쓰였다.

문맥적 의미는 다의어의 경우 사전에 실린 여러 의미 중 어느 하나로 고정된 의미일 수도 있고, 함축적 의미처럼 사전에 실리지 않는 전혀 새로운 의미일 수도 있다. '이 밤은 참 맛있다.'라는 문장을 보았을 때 사람들은 이 문장의 밤을 낮과 밤 중에 밤이라고 생각할 사람은 없다. 이처럼 앞뒤 문맥, 단어를 보았을 때 추측할 수 있는 의미를 문맥적 의미라고 한다. '우리 팀은 축구 한일전에서 그물 수비를 펼쳤다.'에서 '그물'의 사전적 의미는 '물고기나 새를 잡기 위하여 실이나 노끈 따위로 얽어 만든 물건, 실이나 철사 따위로 그물코가 나게 만든 물건'이다. 하지만 이 문장 안에서 '그물'이 갖는 의미는 '철저한, 촘촘한, 꼼꼼한'이란 뜻이 된다.

비유적 의미는 함축적 의미의 유사성에 의해 부여되는 새로운 의미를 말한다. 예를 들면, '오월의 신록을 살찌게 하는 비가 부슬거리고 있었다.'에서 '살찌게'는 '윤기 나게' 등의 뜻으로 비유적 의미로 쓰였다.

학생들이 손꼽아, 밥, 그물, 살찌게 등의 단어를 모르는 것이 아니다. 어휘의 지시적·문맥적·비유적 의미를 이해하는 힘도 중요한 어휘력이다.


**3) 속담이나 고사성어와 같은 관용어를 정확하게 이해·표현하는 능력을 키워야 한다.**

'아니 땐 굴뚝에 연기 날까.'라는 속담이 있다. 이 속담은 원인이 없는 결과가 있을 수 없다는 뜻이다. 사면초가라는 고사성어가 있다. 글자 그대로는 '사면에서 초나라 노래가 들려온다.'라는 뜻이나 관용적 의미로는 매우 위험한 상태를 말한다. 초패왕 항우와 한고조 유방과의 전투에서 유래한 말이다. 이러한 속담과 고사성어도 나올 때마다 어휘노트에 정리하고 반복해서 기억해야 학습 효과가 나타난다.


기본적으로 이 세 가지를 잘 이해하고 사례를 충분히 찾아서 공부해야 한다. 어휘로 짧은 글짓기를 스스로 해 보면서 이해를 더해 보자. 예를 들면 '성찰'이라는 단어를 접했을 때 이런 식으로 짧은 글짓기를 해 보자.

〈나는 지금까지 나 자신에 대해서 성찰을 잘하지 못했다. 오늘부터는 다시 일기를 쓰면서 하루를 되돌아보고 반성해 볼 것이다.〉

이렇게 글짓기를 할 때 익혀야 할 단어를 사용하고 그 뜻을 풀어써 보자. 어휘노트에 어떻게 정리할지 감(感)이 잡힐 것이다. 또한 사회현상의 키워드를 가지고 짧은 글짓기 훈련을 하면 좋다. 예를 들면 '환경오염'이라는 단어를 가지고 글짓기를 해 보자. 많은 정보를 넣으려고 하지 말고 내가 아는 범위에서 정리해 보자.

환경오염 → 환경오염으로 지구의 생태계가 위협받고 있다. → 환경오염이 심각하다. 그 중에서 인간에게 필요한 공기와 물의 오염이 심각하다. → 인간은 과학을 발달시켜 혜택을 누리고 있으나 그 부작용도 만만치 않다. 그것은 직접적으로 환경오염으로 나타난다. 그 중에서 공기와 물의 오염이 심각하다. 인간에게 없어서는 안될 공기와 물을 보호할 수 있는 대책이 절실하다.

이렇게 쓰기를 하다 보면 머릿속에서 읽을 때보다 더 많은 생각과 집중을 하게 된다.

교과서 작품을 요약할 때도 원칙이 있다. 요약에서 중요한 것은 빼도 되는 단어와 빼서는 안 되는 단어를 구별해서 문장으로 완성해야 한다는 점이다. 핵심 단어를 중심으로 서론, 본론, 결론을 요약해 보고 의견을 정리하는 것이 중요하다. 이것은 논술의 기초가 되는 것으로 나중에 이 부분도 설명해 주겠다.

어휘력을 높이는 세 번째 방법이 있다. 어휘를 주제나 내용별로 구분해서 정리하고 암기하는 방법이다. 글을 읽으면서 문장 속에서 어휘와의 관계를 판단해야 할 경우가 많다. 글자의 앞뒤 부분을 살펴보면 그 어휘의 속성을 판단할 수 있다. 두 어휘 간이 유사관계인가, 반의관계인가, 모순관계인가, 상하관계인가를 살펴보아야 하다. 어휘노트에 정리할 때도 지금까지의 내용들과 함께 이러한 관계들에 대한 정리가 많이 되어 있을수록 어휘력도 쑥쑥 커진다.

시험에는 문장 속에서의 생략된 어휘 집어넣기 문제가 출제된다. 시험이나 문제집에서 어휘문제들만 한꺼번에 모아서 보자. 어떻게 공부할지가 보인다. 생략된 어휘를 집어넣는 경우는 앞 두 문맥을 먼저 관찰한 다음 그 연결관계나 논리적 관계를 고려하여 추리해야 한다. 특히 유사관계를 근거로 관용적 표현과 관계된 어휘를 집어넣게 하거나, 반의 관계의 한 어휘를 집어넣어 쓰도록 출제한다. 무슨 말인지 구체적으로 설명해 보겠다.

■ 유사(類似)관계

유사관계는 의미가 비슷하면서 그 용법이나 쓰이는 문맥적 환경이 다른 어휘의 관계를 말한다. 문맥 속에서 대체(代替)가 가능한 단어 사이의 관계를 말하기도 한다. 예를 들면 틀 : 얼개, 유발 : 촉발, 핑계 : 구실 등이 있다.

■ 반의(反意)관계

반의관계는 단어와 단어 사이에 의미가 서로 대립되는 어휘의 관계를 말한다. 두 개념 사이에 중간 개념이 성립하는 관계로 양쪽의 부정이 가능하다. 예를 들면 진화(進化) : 퇴보, 보수(保守) : 진보(進步), 전통(傳統) : 인습(因習) 등을 말한다.

■ 모순(矛盾)관계

모순관계는 함께 성립할 수 없는 관계를 뜻한다. 즉 동시에 존재할 수 없는 관계를 말한다. 어느 한쪽의 부정이 나머지 한쪽의 긍정을 의미한다. 예를 들면 이승 : 저승, 미혼(未婚) : 기혼(旣婚), 동(動) : 정(靜) 등이 있다.

■ 상하(上下)관계

상하관계는 한 개념이 다른 개념에 완전히 포함되어 그 일부분이 되는 관계(종속관계)를 말한다. 한 개념이 다른 개념에 완전히 포함되어 그 일부분이 되는 두 개념 간의 관계(대소관계)를 말한다. 상위 개념과 하위 개념의 관계인데, 예를 들면 예술(藝術) : 문학(文學), 다각형 : 삼각형  육지 : 섬 등을 말한다.


■ 인과(因果)관계

원인과 결과관계로 어떤 일이 원인이 되어 분명히 예측할 수 있는 결과를 가져오는 경우를 말한다. 예를 들면 '콩 심은 데 콩 난다.'라든가, 과속 : 사고와 같은 경우다.

## 05

## 단어, 문장, 문단의 긴밀한 관계를
# 파악하고 이해하라

모든 학생이 똑같이 학교를 다니고, 똑같은 수업을 듣고, 똑같은 학원을 다니지만, 다른 생각을 하게 되고, 읽기의 결과도 다르고, 성적도 다르게 나온다. 어떻게 보면 참 신기한 일이다. 신기하지만 거기에는 이유가 있다. 국어공부만 하더라도 교과서를 공부할 때 감상과 이해보다는 암기식으로 작품을 읽어 나간 학생, 작품은 읽지만 작가의 의도를 전혀 파악하지 못하는 학생, 작품을 읽고 자기 생각을 일목요연하게 정리해 보지 않은 학생은 당연히 국어 실력이 떨어진다.

학생들에게 독후감 과제를 내주면 인터넷에서 요약된 내용을 베끼거나, 책 내용을 군데군데 그대로 베끼기도 한다. 또한 글의 뒷부분을 예측해서 써 보라고 하면 책의 내용과 전혀 상관없이 자신이 이야기를 꾸며 쓰기도 하다. '공부의 위기가 국어의 위기구나.'를 느끼게 하는 순간이다.

한 편의 글이란 단순한 이차원의 평면이다. 하지만 이 평면에서 글자가 단어가 되고, 단어가 문장을 형성하고, 문장이 문단을 이루면서 이차원의 평면에 담겨 있는 정보는 많은 의미와 정보를 제공한다. 일정한 흐름 속에서 글의 의미와 정보를 제대로 파악해야 한다. 작가가 생각하는 의미와 정보들의 연결을 놓치면 안 된다.

교육과학기술부에서 중학교 읽기공부에 대해서 제시해 놓은 일정한 기준이 있다. 이 기준을 제대로 알면 국어 읽기공부를 어떻게 접근해야 하는지가 보인다. 이를 근거로 해서 읽기를 어떻게 해야 하는지 자세하게 설명해 보겠다.

### 읽기공부는 어떻게 해야 하나?

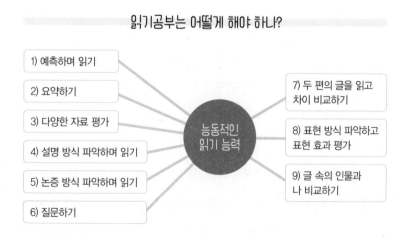

- 1) 예측하며 읽기
- 2) 요약하기
- 3) 다양한 자료 평가
- 4) 설명 방식 파악하며 읽기
- 5) 논증 방식 파악하며 읽기
- 6) 질문하기

능동적인 읽기 능력

- 7) 두 편의 글을 읽고 차이 비교하기
- 8) 표현 방식 파악하고 표현 효과 평가
- 9) 글 속의 인물과 나 비교하기

**1) 예측하며 읽기를 하자.**

첫 번째, 글의 결말과 구조를 예측하며 읽자.

결말의 내용과 인간관계나 사건의 구조는 어떻게 끝날지 짐작해 본다. 3학년 국어 교과서에 나오는 박지원의 「허생전」을 예로 들어 보자. 「허생전」의 지은이 박지원은 실학자였다. 허생전에 나오는 주인공 허생은 평등사회를 꿈꾸는 비범한 인물로 묘사된다. 전반부의 허생은 돈 못 버는 양반으로 나오는데, 아내가 돈 벌어오라는 성화에 할 수 없이 변 씨에게 돈을 빌려 장사를 해서 많은 돈을 벌게 된다. 빈 섬을 사서 경영하기도 한다. 변 씨에게 빌린 돈을 모두 갚은 그날 변 씨의 친구 이완 대장을 알게 된다. 이완과 만나서 서로 의견 대립하다가 이완이 허생에게서 도망쳤지만 다음날에는 허생이 도망치는 구조로 끝난다.

두 번째, 필자의 주장과 의도를 생각하면서 읽자.

「허생전」을 잘 읽어 보면, 전반부의 허생은 양반의 전형으로 비판의 대상이 되지만, 중·후반부의 허생은 작가의 분신이자 실학자로서의 전형성을 보여주고 있다. 이완으로 상징되는 성리학적 명분론과 허생으로 상징되는 실학자의 이념이 서로 팽팽한 대립으로 끝나는 것을 보여 주고 있는 이야기다. 이는 당대의 실학자들의 의견이 실제 현실에서 받아들여지지 않았음을 보여준다. 이렇게 필자의 주장과 의도를 예측하기 위해서는 무엇이 필요할까? 작품 「허생전」을 잘 이해하기 위해서는 박지원이 실학자라는 사실과 당시 실학이 사회적으로 어떤 상황이었고 어떤 대접을 받았는지 알면 작품을 훨씬 잘 이해할 수 있다. 작품과 사회에 대해서는 앞에서도 강조한 바 있다.

정리하면, 예측하며 읽기를 잘하기 위해서는 배경지식이 많으면 도움이 된다. 내가 가지고 있는 배경지식이 많으면 많을수록 예측하며 읽기가 쉽다. 배경지식이란 앞에서 말한 작가와 사회상에 대한 정보다. 그리고 텍스트 정보와 맥락 정보를 잘 이해해야 한다. 텍스트에 드러난 정보를 잘 이해하면 예측하며 읽기도 어렵지 않다.

**2) 읽기 목적에 따라 적절한 방법으로 글의 내용을 요약한다.**

글을 읽고 어떤 식으로든 요약해서 기록으로 남기는 것은 중요하다. 하지만 여기에는 읽기 목적에 따라 요약 방법이 다르다는 사실이다. 단순히 읽고 싶은 소설책을 읽고 요약하는 내용과 시험을 위해 교과서의 작품을 요약하는 방법은 다르다. 또한 하나의 작품을 읽을 때도 인물의 생애에 대해서 알아볼 때와 작품의 교훈에 대해서 알아볼 때 또는 시대적 배경에 대해서 알아볼 때 집중해서 읽어 보아야 할 부분이 따로 있다.

요약할 때는 글의 내용을 자신의 말로 재구성해서 정리할 수 있어야 한다. 요약할 때 몇 가지 중요한 정리 방법이 있다.

① 중심 내용의 선정

② 세부 내용이나 반복되는 내용의 삭제

③ 상위 수준으로의 일반화

④ 중심 내용의 재구성 등의 요약하기 전략을 활용


①의 경우, 중요한 정보가 무엇인지 파악한다. 보통 비문학은 중심 내용이 겉으로 드러나 있다. 대체로 문단에서 중심 문장과 뒷받침 문장으로 나누어서 중심 문장을 연결하면 중심 내용이 된다. 이에 반해 문학작품은 중심 내용이 글 속에 숨어 있다. 이런 경우 제목을 통해서 비유나 상징 또는 인물의 대사나 행동을 통해서 유추할 수 있다.

②의 경우, 덜 중요한 내용, 중심 내용과는 먼 사소한 내용, 반복되는 내용을 삭제해서 중심 내용을 명확히 한다.

③의 경우, 상위 수준으로의 일반화라는 말이 다소 어려워 보인다. 일반화가 무슨 뜻인지를 알아야 한다. 일반화란 구체적이고 개별적인 내용을 좀 더 일반적인 상위 개념으로 묶는 과정이다. 수학을 예로 들면 삼각형, 사각형, 오각형의 상위 개념은 다각형이다. 사회를 예를 들면 선거, 투표, 정당의 상위 개념은 민주주의다. 세세하게, 자세하게가 아니라 큰 틀에서 대충 정리해 본다는 말이다. 새로운 문장의 형태를 가진다고 생각하면 된다.

④의 경우, 중심 내용의 재구성이란 중심 내용을 다시 정리해서 전체 내용을 명확히 이해하는 작업이다. 대개 중심 내용은 '화제 + 화제

에 대한 설명'으로 나타난다. 전체 글 또는 각 문단의 화제를 찾고 화제에 대해 필자가 말하고자 하는 바를 정리하면 된다.

### 3) 글이나 매체에 제시된 다양한 자료의 효과와 적절성을 평가하며 읽는다.

교과서, 책, 신문, 잡지, 방송을 보면 다양한 자료를 통해 읽거나 보는 사람을 이해시키고 있다. 그림, 사진, 그래프, 지도 등 이러한 이미지화된 자료들의 역할(해석)을 알 수 있을 뿐만 아니라 효과와 적절성, 나아가서 필자의 의도까지도 생각하라는 말이다. 학생들은 이러한 자료들을 무시하고 글만 읽거나 또는 있는 그대로 믿어 버리는 경향이 강하다. 그러지 말고 그래프가 나왔으면 글의 내용에 정확히 부합하는지, 적절하게 예로 든 건지, 자료를 통해 필자가 강조하는 것이 무엇인지 등 좀 더 세심하고 비판적으로 바라봐야 한다.

### 4) 설명 방식을 파악하며 설명하는 글을 읽는다.

설명문은 서론, 본론, 결론으로 구성돼 있다. 설명문에는 정의, 예시, 비교, 분류, 열거, 분석, 인과 등 다양한 설명 방식이 있다. 이것을 아는 정도로만은 안 된다. 설명문을 읽어 가면서 활용된 설명 방식의 종류와 특징을 파악해야 한다. 그러면서 그 적절성을 근거를 들어 평가할 수 있을 정도까지 할 수 있어야 한다. 심화학습은 앞의 요약하기에서 설명했지만, 설명하는 글의 구조를 활용하여 내용을 재구성할 수 있을 정도까지 가능해야 한다.

### 5) 논증 방식을 파악하며 주장하는 글을 읽는다.

논설문, 즉 주장하는 글에 활용되는 다양한 논증 방식을 이해할 수 있어야 한다. 논증 방식에는 귀납, 연역, 유추 등이 있다. 이러한 귀납, 연역, 유추는 수업시간에 배우는데 이해하는 차원을 넘어서 주장하는 글을 읽고 논증 방식을 파악할 수 있어야 한다. 논증 방식을 구분하고 특징을 알 수 있어야 한다. 심화학습으로는 합리성과 실현 가능성을 기준으로 주장의 타당성을 스스로 판단할 수 있어야 한다.

### 6) 글의 내용을 토대로 질문을 생성하며 능동적으로 글을 읽는다.

글을 읽으며 글 내용에 대해서, 글의 맥락과 관련해서, 필자와 독자와의 관계에서 다양한 질문을 창의적으로 생성할 수 있어야 한다.

### 7) 동일한 대상을 다룬 서로 다른 글을 읽고 관점과 내용의 차이를 비교한다.

글에서 다룬 대상과 이에 대한 필자의 관점을 이해하고 글에서 그 근거를 찾아 말할 수 있어야 한다. 이것을 넘어서 동일한 대상을 다룬 서로 다른 글을 읽고 관점과 내용의 차이를 비교할 수 있어야 한다. 심화학습으로는 동일한 대상을 다룬 서로 다른 글을 비교하며 읽고 독자 자신의 관점을 제시할 수 있어야 한다.

### 8) 글의 표현 방식을 파악하고 표현의 효과를 평가한다.

글의 다양한 표현 방식을 알고, 글에 사용된 방식을 파악할 수 있어야 한다. 비유, 강조, 변화, 관용 표현 등의 표현 방식과 각각의 효과를 설명할 수 있어야 한다. 글을 읽고 필자가 사용한 표현 방식의 효과를 근거를 들어 평가할 수 있어야 한다.

### 9) 글의 의미, 글 속 인물의 삶과 대처방식을 파악하고 자신의 생활과 적극적으로 관련지어 해석한다.

이것은 독서를 많이 할수록 도움이 된다. 독서를 하면서 자아 성찰을 해 나가자는 의미다. 그럴수록 문학작품의 의미를 더욱 깨닫게 되고 그 깨달음을 생활에서 실천할 수 있도록 노력하게 된다.

작품을 읽는 묘미를 느껴야 한다. 이것이 필요하다. '이 시의 주제는 이거야.' 하면서 달달 외우고, '이 소설의 교훈은 이거야.' 하면서 달달 외우는 건 감성과 지적 발달에 전혀 도움이 안 된다. 작품을 읽고 나서 내가 작품 속에 빠져 있다는 것을 느껴야 한다. 생각을 하며 집중하고 읽었다고 스스로 느껴야 한다. 작품을 읽어 나가면서 단어 하나하나에 애정을 가지고 문장 하나하나의 뜻을 생각하면서 집중해야 한다. 그렇다고 모르는 단어와 이해되지 않는 한두 문장에 스트레스를 받을 필요는 없다. 활자와 하나가 되고자 하는 마음이 필요하다. 그런 욕심이 작품을 읽게 만들고 싶어 하는 동기가 된다. '아, 이

글의 작가는 이런 생각을 하고 글을 썼고, 우리에게 이런 주제의식을
알려주고 싶은 거구나.'를 얘기할 수 있을 때까지 읽어야 한다.

## 06

자투리시간의 3분의 1은
# 한자공부에 투자하라

　　중학생들에게 淨化를 적어 놓고 읽어 보라고 하고, 무슨 뜻인지 물으면 읽지 못하는 학생들이 생각 외로 많다. 마찬가지로 讀書三昧를 적어 놓고 읽고 뜻을 물어봐도 마찬가지다. 독서삼매라고 읽더라도 뜻은 거의 모른다. 앞의 한자는 더러운 것을 깨끗하게 하는 의미의 '정화'이다. 뒤의 사자성어는 책읽기에 집중한다는 '독서삼매'다. 심각한 일이 아닐 수 없다. 중학교 1학년 국어시간에 배우는 어휘들이고, 교과서 어휘학습에도 나와 있다.

　　중학교 한문시간에 배우도록 하는 한자의 수는 900자 정도다. 이 범위 내에서 600자가량 가르치도록 규정해 놓았다. 중학교 교육 과정에 있는 기본 한자 그리고 중학교 교과서 필수 사자성어는 반드시 익히고 고등학교에 진학해야 문제가 없다. 특히 두 가지 음으로 발음되는 한자어, 형태가 비슷한 한자, 사자성어, 고사성어를 알고 있어야 한다. 고사성어는 사전적 의미와 함께 이야기도 알아두어야 한다. 수능에서도 이 부분의 오답률이 높다. 현재 수능에서 한자는 한 문제가 출제되고 있다.

초등학생 때 미리 '한자능력검정시험' 급수를 따 놓으면 중학교에 올라와서 학습에 많은 도움이 된다. 5급까지만 따 놓으면 좋다. 중학교 입학 전에 한자급수를 따 놓지 못했더라도, 어차피 한자공부가 안 되어 있으면 읽기 능력도 저하되기 때문에 한자공부는 지속적으로 병행해야 한다. 따라서 자투리 시간을 활용해서 한자나 고사성어를 틈틈이 하기를 학생들에게 권하고 있다. 아침 공부시간에 고사성어 하나, 쉬는 시간에 한자어 두 개씩만 꾸준히 읽고 쓰기를 1년 꾸준히 하면 된다.

한자공부 방법은 부수를 통해 공부하면 효과적이다. 이것은 영어에서 어근을 알면 단어의 이해와 기억이 쉬운 원리와 같다. 영어단어를 무작정 외우는 것이 아니라 어근을 알고 외우면 훨씬 효율적이다. 예를 들면 'act'는 'do'의 뜻이다. 이것을 기본적으로 알고 있으면 actuate[actu(do) / ate(make)]는 '움직이다, 자극하다'의 뜻이다. enact[en(make) / act(do)]는 '시행하다'의 뜻이다. react[re(again) /

act(do)]는 '반응하다'의 뜻이다. reaction[re(again) / act(do) / ion]은 '반응'의 뜻이 된다. transact[trans(across) / act(do)]는 처리하다의 뜻이다. counteract[counter(opposite) / act]는 '~에 반대로 행동하다'의 뜻이 된다. 'act'는 'do'를 뜻하고, 'en'은 'make'를 뜻하고, 're'는 'again'을 뜻하고, 'counter'는 'opposite'을 뜻한다는 것을 알면 이러한 어근이 포함된 단어는 충분히 해석이 가능하다.

무작정 외운 것이 아니라 이런 방법으로 단어공부를 한 필자는 지금도 단어를 보면 어근이 떠오르고 해석이 저절로 된다.


영어단어가 어근을 알면 이해하기 쉬워지는 것처럼 한자도 그 글자를 이루는 변이나 방 또는 부수의 원래 쓰임이나 뜻을 알면 한자공부가 재미도 있고 시간도 단축해서 많은 한자를 알게 된다. 한자의 기본 부수는 214자다. 부수란 옥편이나 자전에서 한자를 찾는데 필요한 기본이 되는 글자로서, 소리글자인 한글의 자모음이나 영어의 알파벳에 해당된다. 뜻글자인 한자의 경우에는 같은 부수에 속한 글자는 기본적으로 유사한 의미를 담고 있다고 할 수 있다.


예를 들면 '창 과(戈)' 자가 들어간 말들은 창을 들고 지키거나 창을 들고 하는 행위와 관련된 경우가 많다. '칠 벌(伐)' 자는 사람이 창을 들어야 하는 경우 벌어짐직한 일을 잘 일러 준다. 경계할 계(戒) 는 두 손으로 창을 공손히 들고서 하는 일을 알 수 있다. '나라 국(國)' 자는 창을 들고 지켜야 하는 영역이 매우 크다는 뜻을 담아 낸 글자다.

儿는 어진 사람 인자다. 사람 인(人)은 안다. 둘 다 사람을 가리키지만 굳이 부수를 나눈 까닭은 人가 사람 자체를 가리키는 데 비해서, 儿는 어진 일에 의미를 둔다. 儿는 어진 사람 인이 들어간 한자를 보면 다음과 같다. 先(먼저 선), 兄(맏 형), 光(빛 광), 元(으뜸 원)이다. 무작정 외우는 것보다 이해하고 기억하기 쉽다.

한자의 왼쪽이 얼음 빙 冫변으로 이루어진 글자는 물방울이 세 개인 삼수 氵가 얼어서 물방울이 두 개가 된 모양이므로, 대체적으로 차갑거나 얼음과 관련된 성질을 나타낸 글자라고 할 수 있다. 예를 들면 서늘할 청 淸, 서늘할 량 凉, 쓸쓸할 처 凄, 찰 냉 冷, 찰 렬 冽, 얼어붙을 고 涸, 얼 동 凍, 얼음 활 活, 얼음 빙 冰, 고드름 탁 澤, 얼음 녹을 반 冸, 겨울 동 冬 등이다.

宀는 집 면 자로서 집, 지붕, 주거의 뜻으로 쓰인다. 예를 들면 容 얼굴 용, 安 편할 안, 室 집 실, 字 글자 자, 實 열매 실, 察 살필 찰, 寒 찰한, 客 손님 객, 家 집 가 등이다.

宀 집 면을 비롯해서, 戶 지게문 호, 广 집 엄, 厂 굴바위 엄, 尸 주검/지붕 시, 이 모두는 비바람을 막아 주고 어떤 위험으로부터 보호해 주는 것으로 알면 된다. 房는 방 방, 居는 살 거로 '지붕 아래 산다.'는 뜻이다. 屋는 '尸지붕 시 +至이를 지'가 합해진 글자다. 지붕 아래

도달하여 있다는 뜻으로 집 옥 자다. 주검 尸(시)는 시체를 나타내는 뜻으로, '屍' 이 글자가 주검 시고, 屍體는 시체라고 읽는다.

하나 더 보면, 攴는 칠 복이다. 치다, 회초리의 뜻이다. 예를 들면 攻 칠 공, 整 가지런할 정, 敎 가르칠 교, 數 셈 수, 故 옛 고, 收 거둘 수, 政 정사 정, 敬 공경할 경 등이다.

한자를 완벽히 쓸 줄 알면 좋지만, 최소한 쓰지는 못하더라도 보면 읽을 줄은 알아야 한다. 물론 뜻도 알아야 한다. 앞에서 설명한 대로 부수를 알고 한자어를 보면서 여러 번 반복해서 쓰고 읽다 보면 나중에는 보면 무슨 글자고 뜻이 어떠하다는 정도는 알 수 있다.

# 07

## 내신과 언어 능력에 도움이 되는 '국어능력인증시험'에 도전하라

축구를 잘하는 선수를 보면 운동감각이 있다고 말한다. 마찬가지로 국어를 잘한다는 의미는 언어감각이 있다는 말과도 다르지 않다. 언어감각은 단기간의 훈련으로 끌어올릴 수 있는 것이 아니다. 언어영역은 읽기, 듣기, 쓰기, 말하기로 대표되는 4대 영역이 고루 발달되어야 하기 때문이다. 어휘력, 문장력, 문법지식 등을 비롯해서 쓰기와 말하기에서도 논리력을 갖추어야 한다. 따라서 언어능력은 모국어를 얼마나 잘할 수 있느냐에 따라 결정된다. 언어학자들은 모국어를 잘하는 사람이라면 외국어 또한 쉽게 배울 수 있다고 한다. 그런 의미에서 국어를 잘하게 되면 다른 과목과 외국어에도 영향을 미친다. 국어의 중요성이 실감나게 다가온다.

토클이라고 하는 국어능력인증시험(TOKL)이 있다. 국어능력인증시험(TOKL)에 도전해 보는 것도 기회다. 초등학생(3~6학년)을 대상으로 하는 J-TOKL이 있고, 중·고등학생과 일반인을 대상으로 하는 TOKL이 있다. 연간 6회 시험을 치르고 문화체육관광부에서 공인한 자격증으로 1급부터 5급까지 세분화되어 있다. 시험은 체계적인 사고 과정의 결과를 나타내는 말하기, 듣기, 읽기, 쓰기를 총괄적으로 평가하고 있다. 시험문제는 객관식 38문항, 주관식 7문항으로 총 45문항이며 200점 만점이다.

국어능력인증시험(TOKL)의 특징은 언어기능영역과 함께 이해, 추론, 비판, 창의의 모든 사고영역을 종합 평가하는 문항으로 구성되어 있다는 것이다. 또한 서술형 주관식 평가 도입과 지문 유형의 다양화, 신규 문제 유형 개발을 통해 언어 사고력을 평가한다. 이렇게 볼 때 국어시험에 도움이 되는 것은 물론, 앞서 얘기한 언어 능력 향상에 전반적인 영향을 미친다. 국어능력인증시험의 평가 목표는 크게 다음의 세 가지다.

1) 말하기, 듣기, 읽기, 쓰기에 관한 종합적인 국어 사용 능력을 평가한다.
2) 일상적 언어생활과 밀접하게 연관된 실질적인 국어 사용 능력을 측정한다.
3) 합리적 의사소통 능력, 창조적 표현 능력, 유연한 언어 상황 적

응력을 평가한다.

토클은 문제를 많이 푸는 능력보다 실질적인 국어 능력을 평가하고 있다. 문학, 인문, 사회, 예술, 과학 등 다양한 분야의 지문을 통해 독서 체험의 폭과 깊이를 측정하기 때문에 다양한 책을 읽어서 준비해야 한다.

중요한 사항은 토클은 취득해 놓으면 여러 가지 혜택이 있다. 토클은 대학입시, 언론사, 기업체 입사, 승진에서 가산점을 주고 있어서 쓸모가 다양하다. 초·중·고교 교과의 수행평가 자료로 광범위하게 활용됨에 따라 매회 거듭될수록 응시인원이 증가하고 있다. 민족사관고등학교에서 주최하는 우리말토론대회 참가자격에 성적표 제출을 요구하고 있다. 몇몇 외고 등 특목고에서는 수행평가에서 성적표 제출을 요구하기도 한다. 이렇듯 국어능력시험의 활용 폭이 커지면서 국어능력인증시험(TOKL)이 수험생들 사이에서 많은 관심의 대상이 되고 있다.

좀 더 살펴보면, 국어능력인증시험은 고교 생활기록부에 기재할 수 있는 자격증 중 하나이고, 대입 진학 자료로 활용되고 있다. 뿐만 아니라 2013년부터 의·치학 및 약학 전문대학원 입문시험(MEET/DEET/PEET)의 언어추론영역이 국가공인 국어능력인증시험으로 대체되기로 결정되었다. 또한 현행 경찰공무원 채용시험에서 높은 가산점을 적용받고 있으며, 대학생 및 일반인들의 경우 공공기관 및 기업체의 입사 전형과 승진 심사 자료 등으로도 다양하게 활용되고 있다. KBS 한국어능력시험은 일부 영역에서 토클보다 좀 더 까다롭다. 언론사를 목표로 하는 학생들은 시간을 가지고 준비하는 것도 괜찮을 것이다.

　토클을 준비하기 위해서 평소에 잘 모르고 사용하던 틀린 표현들을 중점적으로 이해해야 한다.

　국어 어문 규정과 어법에 대해서도 체계적으로 정리를 해야 한다. 매일 일기를 쓰는 것도 어휘력을 늘리는 데 도움이 된다. 무엇보다 국어 능력을 향상시키는 가장 확실한 방법은 뭐니뭐니 해도 독서다. 기출문제를 통해 시간 조절이나 문제 유형 등에 익숙해져야 한다. 서점에서 출간되어 있는 교재들을 훑어 보고 선택하면 된다.

　시험의 평가영역 및 문항 구성에 대해서 핵심적인 내용을 살펴보면 다음과 같다.

1) 언어 기초 능력을 알아보는 '어휘' 문제가 나온다. 실생활에서 자주 사용하는 어휘의 활용 능력을 평가한다. 예를 들면 단어의 문맥적 의미를 구별할 수 있느냐를 아느냐는 문제인데, 대표적으로 '버리다'가 여러 문장에서 다양한 뜻으로 쓰인다.

① 가지거나 지니고 있을 필요가 없는 물건을 내던지거나 쏟거나 하다.

② 못된 성격이나 버릇 따위를 떼어 없애다.

③ 가정이나 고향 또는 조국 따위를 떠나 스스로 관계를 끊다.

④ 종사하던 일정한 직업을 스스로 그만두고 다시는 손을 대지 아니하다.

⑤ 직접 깊은 관계가 있는 사람과의 사이를 끊고 돌보지 아니하다.

⑥ 품었던 생각을 스스로 잊다.

⑦ 본바탕을 상하게 하거나 더럽혀서 쓰지 못하게 망치다.


사전에서 찾아보면 이렇게 일곱 가지의 다른 뜻으로 사용됨을 알수 있다. 예문을 보고 의미의 차이를 구별할 줄 알아야 한다.


2) 효율적인 의사소통을 평가하는 '어문규정' 문제가 나온다. 예를 들면 준말에 관한 문제로 '트이어서'는 '트여서'나 '틔어서'로 줄여쓸 수 있다.


3) 정확하고도 경제적인 문장을 구사할 수 있는 능력을 평가하는 '어법' 문제가 나온다. 예를 들면 문장 성분 간의 호응관계를 잘 알아야 한다. 문장에서 주어와 서술어의 호응관계가 일치하는 문장을 고를 줄 알아야 한다. '자세가 바르지 않으면 허리에 무

리가 갈 수 있는 자세이다.'는 '자세이다'와 호응을 이루는 주어가 없다. '학생들은 교장선생님이 등장하자 박수를 쳤다.'는 주어와 서술어의 호응이 자연스럽다.

4) 언어기능영역을 평가하는 '듣기' 문제가 나온다. 다양한 상황 설정을 통한 듣기 능력의 종합평가다. 예를 들면 남녀 간의 대화를 듣고 '대화를 통해 알 수 있는 것'을 묻는 문제다. 상황과 의도를 잘 해석할 줄 알아야 한다.

5) 매체환경의 다양성을 반영하는 제시문 선택을 통해 읽기 능력을 평가하는 '읽기' 문제가 나온다. 예를 들면 스마트폰에 대한 고객평가 제시문을 읽고, 스마트폰에 대한 적절한 설명을 고르는 문제이다.

6) 문장 생성 능력, 단락 전개 능력 등 실질적인 글쓰기 능력 중심의 평가하는 '쓰기' 문제가 나온다. 예를 들면 중심 문장에 대한 적절한 뒷받침 문장을 고르는 문제이다. 뒷받침 문장은 주어진 소주제 및 소주제문에 맞게 통일성, 긴밀성, 완결성을 지켜야 한다.

7) 이밖에 사고력 영역을 평가하는 요소는 다음과 같다. 이러한 요

소들을 충분히 갖추고 있어야 한다.


① 이해 : 독해 또는 청해 과정에서 중심 내용을 확인하고 글 또는
　말의 구조를 파악하는 능력을 갖추어야 한다.

② 비판 : 정보를 종합하여 비교, 분석하고 글 전체의 내용과 표현
　을 평가하는 능력을 갖추어야 한다.

③ 추론 : 글의 구조 및 주어진 내용을 활용하여 필요한 정보를 추
　론하는 능력을 갖추어야 한다.

④ 창의 : 정보를 재창출함은 물론 글쓴이의 의도를 파악하여 능동
　적으로 반응하고, 적절한 대안을 찾는 능력을 갖추어야 한다.


이렇게 볼 때 국어능력인증시험이 국어시험뿐만 아니라 일상생활
에서도 큰 도움이 됨을 알 수 있다.

프랜시스 베이컨은 말했다.

"어떤 책은 맛보기 위한 것이고,

어떤 책은 삼키기 위한 것이다.

그러나 어떤 소수의 책들은 씹어서 소화시켜야 한다."

책을 분석적으로 읽는다는 것은 그 책을 씹어 소화시킨다는 것이다.

중독이라는 표현은 주로 안 좋은 뜻으로 쓰이지만

'읽기 중독'은 되어볼 만하다.

책, 교과서, 신문의 칼럼, 잡지 등 손에 잡히는 대로 읽자.

언제 어디서나 책을 들고 다니자.

# Part 03

정확히 빨리 읽는 능력을 키워

# 10분 전에
# 시험을 끝내자

## 01

문장 쪼개기로
# 텍스트 이해를 쉽게 하자

       성적이 오르지 않는 학생들은 교과서 읽기 방법에 문제가 있는 경우가 많다. 이 책은 전반적으로 읽기 방법에 대해서 얘기를 하고 있는데, 지금 얘기하려고 하는 내용도 상당히 유용한 읽기 기술이다. 교과서를 읽기는 읽되 제대로 읽기를 터득하지 못하면 자기가 읽는 습관에서 쉽사리 빠져 나오지 못한다.

   자기 습관대로 보는 것만 보고, 읽는 것만 읽어서 내용을 정확히 오래도록 기억하지 못한다. 적힌 대로 단조롭게 읽고 이해하다 보니 읽기 능력이 향상되지 않는다. 앞서도 말했지만 책읽기와 교과서 읽기는 다르다. 공부하는 학생으로서 교과서 읽기를 잘할 수 있는 방법을 찾아야 한다.

   그런 의미에서 이 방법은 발전적인 효과를 가져다준다. 아무리 긴

문장이라도 문장에는 주체가 있고 행위가 있다. 이것을 주어와 서술어라고 한다.

그럼 나머지는 대부분 보충설명 하는 내용이다. 따라서 '주체는(은/는, 이, 가)~행위한다.'를 찾고 이해하는 방식이다. 예를 들면 다음과 같은 문장이 있다.

> 황해도 해주 출신이자 교육가, 의병장인 안중근은 만주 하얼빈에서 권총으로 이토 히로부미(이등박문)를 저격하다.

이 문장에서의 주어는 '안중근'이다. 서술어는 '저격하다'이다. 사실 나머지는 모두 보충설명이다. 수식하거나 이유와 목적에 해당하는 보충설명이다. '안중근이 저격했다. 이토히로부미를 저격했다. 어디에서? 만주 하얼빈에서. 안중근은 황해도 해주 출신이고 교육가이자 의병장이었네.' 이렇게 이해할 수가 있다.

이러한 문장 분석 방법이 얼마나 효과적인지 실질적으로 교과서 내용을 가지고 해 보자.

다음은 과학 교과서 〈힘과 운동〉 단원에 나오는 내용의 일부분이다.

손에 쥐고 있던 연필을 놓으면 아래로 떨어지고, 높이 던져진 야구공도 아래로 떨어진다. 이러한 현상은 지구가 물체를 당기는 힘 때문에 나타나며, 이 힘을 중력이라고 한다.

지구상에 있는 모든 물체는 어느 곳에서나 항상 연직 아래 방향으로 중력을 받는다. 중력은 물체와 직접 접촉하지 않는 상태에서도 작용하는 힘이다.

(중학교 과학1 p93, 지은이 박희송 외, 발행인 교학사)

처음 읽을 때 주어와 서술어에 해당하는 내용에 밑줄을 긋는다. 색이 있는 펜을 활용하면 눈에 띈다. 위 텍스트 내용을 이렇게 정리할 수 있다.

연필이 아래로 떨어진다. 야구 공도 아래로 떨어진다.
이런 현상이 중력이다. 모든 물체는 중력을 받는다. 중력은 힘이다.

사실 이 내용을 얘기하고 싶은 건데 보충해서 내용을 붙였을 따름이다. 두 번째 읽을 때는 수식, 이유, 목적에 해당하는 보충설명 중에서 핵심적인 내용에 형광펜으로 긋는다. 세 번, 네 번 읽어 가면서 완벽히 이해하고 기억하면 된다.

> 손에 쥐고 있던 연필을 놓으면 아래로 떨어지고, 높이 던져진 야구공도 아래로 떨어진다. 이러한 현상은 지구가 물체를 당기는 힘 때문에 나타나며, 이 힘을 중력이라고 한다.
> 지구상에 있는 모든 물체는 어느 곳에서나 항상 연직 아래 방향으로 중력을 받는다. 중력은 물체와 직접 접촉하지 않는 상태에서도 작용하는 힘이다.
>
> (중학교 과학1 p93, 지은이 박희송 외, 발행인 교학사)

이런 식으로 처음 읽을 때는 가볍게 주체와 행위를 이해하고 반복해 읽으면서 주요한 보충 내용을 이해하는 방식이다. 특정 내용만 사례로 사용한 것 아니냐는 질문을 할 수 있을 것이다. 이에 대한 답은 '아니다'이다. 과학, 사회, 역사 등의 교과서 내용은 모두 이런 방식으로 쉽게 이해할 수 있다. 이런 방식은 교과서 내용을 훨씬 구조적으로 이해가 가능하고 상상이 잘 된다.

여기서 멈추지 않고 학생들에게 이 텍스트에서 무엇을 말하고 싶은지 가장 기본이 되는 핵심어를 고르라고 해 보았다. 이 책을 읽는 여러분도 함께 생각해 보기를 바란다. 학생들 10명이면 10명 모두

'중력'을 골랐다. 또 하나의 핵심어를 고르라고 해 보았다. 10명 중 9명은 '지구'를 골랐다.

사실 이 텍스트 내용은 '힘'에 대한 설명을 하고 싶은 거였다. 힘의 작용으로 중력을 설명한 내용이다. 사실상 시험문제도 힘에 대한 내용이 나오지 지구에 대한 내용은 나오지 않는다. 지구는 힘, 즉 중력을 설명하기 위한 하나의 대상일 뿐이다. 이렇게 전체적인 구조와 맥락에서 텍스트를 이해할 줄 알아야 한다. 앞에서 이미지 연상을 많이 강조했었는데, 이 내용을 그림으로 그려보면 왜 '힘'이 중요한지 더 잘 이해가 된다.

### 힘의 작용으로 보는 중력의 이해

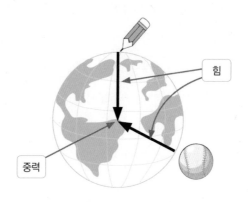

이렇게 교과서 읽기를 지도했더니 학생들의 읽기 능력이 빠르게 향상되었다. 교과서 내용의 이해력과 기억력도 함께 향상되었다.

이번에는 사회 과목을 예로 들어보겠다. 사회 교과서 〈대중매체와 대중문화〉 단원에 다음과 같은 내용이 나온다.

정보통신 기술의 발달에 따라 새롭게 등장한 인터넷, 쌍방향 케이블 텔레비전 등을 뉴미디어라고 한다. 기존의 신문, 라디오, 텔레비전 등이 일방적으로 정보나 문화를 전달하였던 것과 달리 뉴 미디어는 쌍방향 매체라는 특징이 있다. 즉, 우리는 뉴 미디어를 통해 정보를 제공받기도 하고 제공할 수도 있다.

뉴 미디어 중에서도 인터넷은 문화를 창조하고 전달하는 매우 중요한 역할을 하고 있다. 인터넷상에서 대중은 UCC를 제작하여 전 세계 사람들과 공유하기도 하고, 소셜 네트워크 서비스 등을 이용하여 정보를 만들고 유통한다. 뉴 미디어는 시간과 공간의 제약을 적게 받기 때문에 기존 대중 매체에 비해 더 많은 사람들에게 문화를 빠르게 전달하여 사람들이 문화를 좀 더 빠르게 공유할 수 있게 한다.

(중학교 사회1 p184, 지은이 김영순 외, 발행인 두산동아)

위 텍스트 내용을 같은 방식으로 해 보면 이렇게 정리할 수 있다.

뉴미디어는 인터넷, 쌍방향 케이블 텔레비전 등이다. 뉴미디어는 쌍방향매체다. 우리는 정보를 제공하고 제공받는다. 인터넷은 중요한 역할을 한다. 대중은 공유하고 정보를 만들고 유통한다. 뉴미디어는 문화를 좀 더 빠르게 공유한다.

정보통신 기술의 발달에 따라 새롭게 등장한 인터넷, 쌍방향 케이블 텔레비전 등을 뉴미디어라고 한다. 기존의 신문, 라디오, 텔레비전 등이 일방적으로 정보나 문화를 전달하였던 것과 달리 뉴 미디어는 쌍방향 매체라는 특징이 있다. 즉 우리는 뉴 미디어를 통해 정보를 제공받기도 하고 제공할 수도 있다.

뉴 미디어 중에서도 인터넷은 문화를 창조하고 전달하는 매우 중요한 역할을 하고 있다. 인터넷상에서 대중은 UCC를 제작하여 전 세계 사람들과 공유하기도 하고, 소셜 네트워크 서비스 등을 이용하여 정보를 만들고 유통한다. 뉴미디어는 시간과 공간의 제약을 적게 받기 때문에 기존 대중 매체에 비해 더 많은 사람에게 문화를 빠르게 전달하여 사람들이 문화를 좀 더 빠르게 공유할 수 있게 한다.

(중학교 사회1 p184, 지은이 김영순 외, 발행인 두산동아)

마찬가지로 이 텍스트에서 무엇을 말하고 싶은지 가장 중요한, 가장 기본이 되는 핵심어를 골라 보자. 뉴미디어를 설명하는 것이지만 기본적으로 대중매체, 대중문화를 말하고 싶은 텍스트라는 것을 볼 줄 알아야 한다.

# 02

여러분이 보는 시험은 읽기가 무엇보다 중요하다. 쓰는 시험 위주가 아니라 읽었던 내용을 기억하거나 읽고 답을 알아내는 유형의 시험이기 때문이다. 또한 듣기 평가도 감소하고 있는 추세다. 대학수학능력시험을 보더라도 국어와 영어듣기평가가 감소하면서 읽기가 더욱 중요해졌다. 듣기평가의 감소는 지문의 길이 증가나 새로운 지문의 추가로 이어지고 있다. 이것은 읽기 속도도 중요해졌음을 뜻한다. 시험의 형태는 텍스트만이 아니라 다양한 이미지를 가지고 출제한다. 이러한 현실 변화에 맞게 중학교 과정에서 읽기 능력을 준비해야 한다.

중학교 시험을 보더라도 이전의 경우 문제와 선택지 위주였던 형태에서, 현재는 '보기' 등의 제시문이 늘면서 읽기 능력의 중요성이 점점 증가하고 있다. 보기는 텍스트뿐만 아니라 사진, 그림, 도표, 그래프, 지도 등의 이미지를 보여주기도 한다. 이미지를 글처럼 해석할 줄 알아야 한다는 의미다. 교과서에 나와 있는 이미지뿐만 아니라 변형된 이미지 혹은 아예 새로운 이미지라도 빠르게 해석할 줄 알아야 한다. 이미지를 친숙하게 받아들이는 자세가 필요하다. 평소에 읽기 전략을 잘 세워서 시험을 준비하는 것이 좋다.

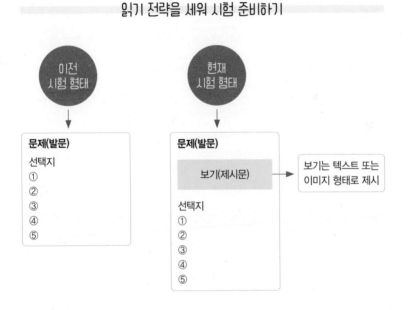

읽기 전략을 세워 시험 준비하기

학교 시험에서 국어의 경우는 지문의 길이로 인해서, 다른 과목의 경우는 보기가 증가함으로써 시험에서 시간이 부족해서 뒷부분의 문제를 풀지 못하거나, 한 번 더 검토를 못하는 일이 발생하는 경우가 심심찮게 발생한다. 시간에 쫓겨 시험을 본다는 것은 평소에 읽기 능력을 제대로 키우지 못한 결과다. 특히 국어 과목의 경우가 더 심하다. 이런 일이 생겨서는 안 된다. 이것은 읽기에서 스피드, 즉 속도가 중요하다는 사실을 일깨운다.

대체로 학생들은 음식을 먹을 때도 패스트푸드를 좋아하는 경향이 있다. 자주 먹으면 건강에 안 좋다는 것은 누구나 알고 있다. 하지만 패스트푸드가 간편하고 학생들의 입맛을 자극하기 때문에 쉽게 떨쳐 버릴 수 없어서 찾게 된다. 읽기도 마찬가지다. 한때 빨리 많이 읽고 싶은 욕심에 속독이 유행했었다. 속독이란 글을 읽으면서 필요한 지식을 단시간에 얻는 읽기의 한 방법이다. 이것은 꾸준한 정독을 통해 읽기 능력을 향상시키는 방법이 아니다.


속독법이 어느 측면에서는 필요한데, 예를 들어 단순히 책의 줄거리를 이해하는 정도라면 괜찮다. 한 번 어떤 내용인지 훑어보기 측면에서는 속독을 활용하는 방법도 그다지 나쁘지 않다. 하지만 교과서조차 이런 식으로 읽다 보면 제대로 개념 파악이 힘들고 깊이 있는 공부가 되지 않는다. 교과서는 텍스트로만 이루어진 소설이 아니라 다양한 탐구활동과 이미지 자료들이 함께 구성되어 있는 책이기 때문이다. 따라서 이렇게 속독으로만 읽게 되면 긍정적인 효과보다 부정적인 효과가 더 많이 나타난다. 몇 번을 이렇게 속독하더라도 시간이 지나고 나면 머릿속에 남는 것이 별로 없다. 무엇보다 무작정 빨리 읽는 것은 문장력을 키워 주지 않으며 어휘력도 늘려 주지 못한다는 큰 약점을 가지고 있다. 많은 책을 읽었다는 보여주기식밖에 안 된다.

중요한 것은 속독을 굳이 배우지 않아도 책을 많이 읽으면 자신도 모르게 속도가 증가한다는 사실이다. 필자 또한 속독을 배운 적은 없지만 책을 많이 읽다 보니 어느 정도 속독이 된다는 것을 스스로 알게 되었다. 읽기 속도는 시간과 밀접한 관계가 있다. 주어진 시간을 생각하면서 읽기를 해야 한다. 평상시 공부시간, 시험시간, 수행평가 준비시간 등등 그때그때 맞게 속도를 조절해 가면서 읽기를 해야 한다.

예를 들어 평상시에 교과서를 공부하면서 주요 개념과 관련된 내용을 참고할 때는 천천히 읽으면서 꼼꼼히 이해할 필요가 있다. 하지만 사회시험에서 그래프가 나왔는데, 이해가 안 된다고 그래프만 계속 보면서 시간을 낭비해서는 안 된다. 또한 수행평가를 위해 쓸 자료를 찾기 위해 책을 읽는데 처음부터 끝까지 천천히 하나도 놓치지 않고 읽다가는 제시간 안에 해 내지 못한다. 읽기에는 그때그때 시간에 맞는 적절한 속도 전략을 선택할 줄 알아야 한다.

읽기에서 정독이 더 중요하다, 속독이 더 중요하다, 낭독이 더 중요하다라는 주장은 무의미하다. 한 권의 책이나 교과서를 두고 이 내용은 빨리 읽어야 한다든가, 느리게 읽어야 좋다는 식으로 딱 잘라서 말하는 것은 옳지 않다. 또한 처음부터 끝까지 통독해야 한다든가,

아니면 무조건 낭독해야 하는 경우도 없다. 정독할 곳에서는 정독하고, 낭독해야 할 곳에서는 낭독하고, 속독할 부분에서는 빠르게 읽고 지나가기를 잘 조절해야 한다.

예를 들어 교과서는 여러 번의 복습을 한다. 그때마다 모든 내용을 정독하는 것은 읽기 방법이 잘못된 것이다. 이해가 된 내용들은 빠르게 지나가고 아직 생소한 내용에서는 멈추어서 생각을 하고 읽어야 한다. 따라서 읽기는 엄밀하게 말하면 '속도'가 아니라 '목적'으로 구분해서 읽어야 한다. 목적에 따라서 속도를 달리 해야 한다는 말이다. 평소에 이것을 잘해야 시험에서 승리한다. "목적에 맞게 속도를 조절하며 읽어라." 이것이 키 포인트다.

좀 더 이해하기 쉽게 구체적으로 예를 들어 보면 이렇다. 속도가 아니라 목적에 맞게 글을 읽을 때 책읽기와 교과서 읽기를 구분해야 한다. 책을 읽는 목적과 책의 성격에 따라서 빨리 읽는 것이 좋은 경우는 이런 때다. 가치관이나 태도를 다루기보다는 기술이나 단편적인 지식들을 다루는 내용일 경우이다. 아무래도 이런 책들은 빨리 읽는 것이 효과적이다. 과학, 사회, 역사, 기술 등에서 일반적인 내용들이 여기에 포함된다. 또는 무협 소설이나 판타지 소설같이 흥미와 재미를 위해서 읽는 경우는 빨리 읽는 것이 더 좋다. 다음 내용이 궁금해서라도 빨리 읽지 않을 수 없다.

하지만 국어의 문학작품을 읽거나 교과서에 등장하는 주요 개념을 이해할 때는 대체로 천천히 음미하면서 읽는 것이 좋다. 천천히 낭독하면서 글의 깊은 맛을 느낄 필요가 있다. 소설이나 시의 경우, 내용보다도 그 구성과 언어가 중요하기 때문이다. 이런 글들은 분명 줄거리만 이해해서는 느낄 수 없는 매력들이 있다. 빨리 읽어서는 시대적인 배경과 인물의 갈등을 이해하고 해결 과정에서의 감동을 느끼기 어렵다. 필요한 부분에서는 시간을 충분히 할애해서라도 깊은 생각을 하면서 읽는 습관을 들여보자. 철학 관련 분야의 책도 마찬가지다. 프랑스의 사상가 몽테스키외는 『법의 정신』을 완성하는 데 20년이 걸렸다. 20년 걸려 생각한 것을 두세 시간 만에 듬성듬성 읽으려 한다면 그야말로 '법의 정신'을 얼마나 이해하겠는가. 교과서의 개념 이해, 이미지 이해도 생각 없이 눈으로만 이해해서는 수박 겉핥기밖에 되지 않는다.

이와 같은 읽기 전략을 바탕으로 시험을 준비하면서 이렇게 해 보자. 매번 읽을 때마다 같은 방법으로 정독하는 것은 읽기와 속도 향상에 크게 도움이 되지 않는다. 우리는 바로 앞에서 교과서 텍스트를 읽을 때 주어와 서술어를 체크하며 읽는 방법을 설명했다. 따라서 처음에 읽을 때는 30% 정도만 이해하려는 생각으로 정독한다. 모든 내용을 이해하려고 하지 않는다. 주어와 서술어에 밑줄을 그어가면서 내용의 흐름을 이해하는 것이다. 때로 주요 내용에서는 낭독도 하면서, 키워드를 찾고 주제에 관심을 갖는다. 필요한 내용은 메모도 한다. 모든 내용을 이해하려는 욕심을 버린다.

두 번째 읽을 때는 주어와 서술어의 보충설명들, 즉 수식 내용, 목적, 이유 등에 해당하는 내용들을 파악하면서 좀 더 자세히 이해하면 된다. 60% 정도 이해하려는 마음으로 정독한다. 이미 충분히 알고 있는 내용은 속독을 통해 빠르게 읽고 지나간다. 잘 이해가 가지 않는 내용에서는 멈추어서 이해가 안 되는 이유를 찾아보려고 한다.

세 번째 읽을 때는 90% 내용을 소화하려는 마음으로 읽는다. 이때는 완벽히 이해했다는 생각은 버리고 읽어야 한다. 대체로 중·상위권 학생들도 몇 번 반복해 공부하면서 자신이 다 이해했다고 생각한다. 이것이 문제다. 90%까지만 이해했다고 생각하자. 나머지 10%는 모르는 내용이 있다는 가정하에 그 10%를 찾기 위해 시험 전까지 몇 번이고 반복해야 한다. 그래야 긴장을 놓치지 않고 소홀히 했거나 미처 챙기지 못했던 내용들이 보인다.

예를 들면 네 번째 읽을 때는 90%를 이해한 상태에서 30%를 더 이해하겠다는 마음으로 읽는다. 마찬가지로 다섯 번째 읽을 때는 90%를 이해한 상태에서 60%를 더 이해하겠다는 마음으로 읽는다. 여섯 번째 읽을 때는 90%를 이해한 상태에서 90%를 더 이해하겠다는 마음으로 읽는다. 무언가 아직 내가 이해되지 않고 기억되지 않는 내용이 있을 거란 생각으로 완벽히 준비를 해야 한다. 이런 방법으로 읽기를 하면 이해도 속도도 향상된다.

# 03 | 독해와 문제해결이 쉬워진다

우리는 앞 장에서 맥락을 파악한다는 의미가 무엇인지 문제를 통해 확인해 보았다. 이번에는 좀 더 포괄적인 의미를 담고 있는 추론에 대해서 자세하게 알아보자. 읽기 문제를 잘 해결하려면 문제가 원하는 꼭 필요한 정보가 무엇인지 분석하고 그에 맞는 자료를 찾아내는 능력이 요구된다. 학생들의 '읽기 능력'을 점검하다 보면 추리적 사고를 어려워하고 실제 시험에서도 이런 유형의 문제가 많이 틀리곤 한다. 왜 그럴까?

일반적으로 문학, 비문학 책 또는 교과서 내용은 말하고자 하는 모든 정보를 일일이 설명하지 않는다. 너무 많은 내용을 상세하게 다루게 되면 산만하게 되기 때문이다. 예를 들면 소설에서 인물의 성격을 일일이 설명하지 않고 행동을 통해서 또는 다른 사람의 입을 통해

'아, 이 사람은 소심하구나.'라고 이해시키는 경우다. 과학 교과서에 나오는 '고체에서의 열의 이동'에서도 실험을 통해 '전도'를 이해시키고 비슷한 사례의 질문을 많이 해서 읽는 학생들이 스스로 생각하게 한다. 또한 내용을 지나치게 생략하여 글을 쓰면 글의 응집성과 통일성이 없어져서 이해하기 어렵다. 좋은 책이나 교과서는 이러한 균형을 잘 맞추어 서술하고 있다.

잘 쓰인 글이란 적절한 간격을 두고 내용을 전개하면서 내용의 긴밀성을 유지한다. 글 내용을 전개하면서 글의 전후 맥락이나 독자의 사전 경험과 지식으로 쉽게 보충할 수 있는 내용을 생략하여 적절한 긴장을 유지한다. 이처럼 모든 글은 완전히 명시적인 형태를 갖추지 않기 때문에, 독자는 글을 읽을 때마다 생략된 부분의 정보를 보완하면서 이해하게 된다.

이러한 이해 과정에서 가장 중요하게 작용하는 것이 추론이다. 추론은 어떠한 판단을 근거로 삼아 다른 판단을 이끌어 내는, 꼭 갖추어야 할 읽기 능력이다. 쉽게 설명하면 주어진 정보를 바탕으로 다른 판단을 해 내는 능력인데, 글 속에 감추어진 정보를 잘 찾아내는 능력인 셈이다. 독자의 사전 지식을 토대로 하여 문단이나 문장 사이의 인과관계, 생략된 내용을 미루어 알아내는 문제를 잘 해결해야 한다. 읽기 능력에서 추론 능력은 초기 단계에서 문장과 문장의 연결에서 추론을 한다. 이것이 자연스러워지면 점차 문단이나 글로 이행하면서 추론을 할 수 있게 된다.

추리적 사고 문제, 즉 추론 문제는 단순히 지식의 일반적인 사실에 대한 이해도를 테스트하는 질문이 아니다. 글의 내용, 형식을 이해하고 글을 추론할 수 있는지를 아느냐는 질문이다. 사실적인 사고를 잘한다고 추론적 사고를 잘하는 것은 아니지만, 추론적 사고를 잘하면 사실적 사고는 저절로 된다. 따라서 추론적 사고가 얼마나 중요한지를 깨달아야 한다.

시험문제를 보면, 사실적 사고 유형 문제는 대체로 세부 내용 찾기나 중심 생각 찾기다. 지문에 제시된 정보를 그대로 가져와서 선택지를 만든다. 추론 문제도 기본적으로는 내용 이해가 우선되어야 한다. 다만 추론 문제는 사실적 사고 유형의 문제와는 달리 압축하고 요약하거나 다른 말로 바꾸어 선택지를 만든다. 시험에 등장하는 추론 유형을 알아야 대비를 할 수 있다.

추론문제의 유형을 모아보았다. 시험에 단골로 등장하는 형태는 다음과 같다.

### 1) 글쓴이의 견해, 주장, 의도를 추리하자.

글쓴이가 어떤 입장(관점, 태도)을 가지고 글을 썼는가를 추리하는 유형이다. 또는 어떤 의도(목적)에서 글을 썼는가를 추리하는 유형이다. 글을 쓴 취지나 의도를 묻는 문제라고 할 수 있다. 따라서 교과서 작품을 읽으면서 작가가 왜 이 글을 썼는가를 생각하며 읽어 보자. 예를 들면 중학교 1학년 국어 교과서에 나오는 〈행복한 축제 여행〉을 읽을 때 이러한 것을 고려하면서 읽어 보자. 국어시험 문제에서는 대개 몇 개의 단락을 통해 묻기 때문에 단락의 내용을 통해 작가의 입장과 의도를 파악할 줄 알아야 한다.

### 2) 핵심 정보를 파악하자.

중심 내용을 파악해야 한다. 주제라고도 하는데, 말하려 하는 요점이 무엇인지 알아야 한다. 국어의 경우, 지문의 정보를 근거로 새로운 내용을 미루어 알아내는 문제도 출제된다. 설명문에서는 핵심적 설명을, 논설문에서는 주장의 근거, 이유 등을 찾아내거나 추리하는 문제다. 어떤 작품을 읽든 작품을 통해 말하고자 하는 중심 내용에 관심을 가져야 한다. 다른 과목의 경우에는 각각의 주제(목차)가 말하고자 하는 핵심을 정리할 줄 알아야 한다. 이는 주제를 대표하는 몇 개의 키워드 중심으로 정리하면 된다.

### 3) 사건이나 현상의 원인과 결과의 관계를 알자.

원인 없는 결과는 없다. 국어의 경우 인물 간의 갈등을 일으키는 사건이 왜 발생했고, 어떤 과정을 거쳐 어떤 결과에 이르렀는지 알아야 한다. 사건뿐만이 아니라 소설 속 인물의 심리와 행동의 변화에 대해서도 관심을 가져야 한다. 소설에서 전후관계를 추론하는 능력이라고 할 수 있다. 이러한 능력은 국어만이 아니라 과학에서도 필요하다. 과학 현상의 원인과 과정을 통해 결과를 추리하는 능력이다. 결과를 보고 원인을 추리해 볼 수도 있어야 한다. 사회 현상도 마찬가지다. 역사의 경우도 역사적 사건의 발생 원인과 과정, 결과의 흐름을 추리하면서 읽으면 역사 과목에 대한 흥미가 더할 것이다.

### 4) 인물의 성격을 글에 제시된 여러 가지 단서를 이용해서 유추하자.

국어시험에서 추론의 대표적인 형태다. 이 부분은 사례를 통해 이해해 보자. 박지원의 「허생전」에 나오는 부부의 대화를 통해 허생과 아내의 성격을 유추할 수 있다.

하루는 그 처가 몹시 배가 고파서 울음 섞인 소리로 말했다.

"당신은 평생 과거를 보지 않으니 글을 읽어 무엇 합니까?"

허생은 웃으며 대답했다.

"나는 아직 독서를 익숙히 하지 못하였소."

"그럼 장인바치 일이라도 못하시나요?"

"장인바치 일은 본래 배우지 않았는 걸 어떻게 하겠소?"

"그럼 장사는 못하시나요?"

"장사는 밑천이 없는 걸 어떻게 하겠소?"

처는 왈칵 성을 내며 소리쳤다.

"밤낮으로 글을 읽더니 기껏 '어떻게 하겠소?' 소리만 배웠단 말씀이오? 장인바치일도 못한다. 장사도 못 한다면, 도둑질이라도 못하시나요?"

이 대화에서 허생은 무능한 사람으로 그려지고 있고, 아내는 그 무능한 사람을 타박하는 사람으로서 현실적이고 적극적인 인물임이 암시되고 있다.

### 5) 사건이 일어나게 된 배경을 파악하자.

이것은 3)에서 보았던 사건이 일어나게 된 원인과 다르다. 사건이 일어나게 된 배경, 즉 사회적·사상적 배경 등을 말하는 것이다. 도스토옙스키의 『죄와 벌』을 예로 들면, 법과 대학의 학생인 주인공 라스콜리니코프는 이웃의 고리 대금업자인 노파를 살해한다. 살해의 배경에는 인류를 구원하도록 선택된 비범한 인간은 남에게 해를 끼치는 추악한 인간을 죽여도 괜찮다는 초인 사상(超人思想)이 자리 잡고 있다.

### 6) 다른 상황, 구체적 사례, 이미지 자료에 적용하자.

글의 내용을 새로운 상황에 적용하는 추리적 사고 능력이 있어야 한다. 예를 들어 과학에서 '고체에서의 열의 이동의 원리'를 배웠다면

'액체에서의 열의 이동'과 '기체에서의 열의 이동'을 추리해 볼 수 있다. 글의 내용을 구체적 사례에 적용할 줄도 알아야 한다. 예를 들어서 과학에서 조암광물을 배웠다면 대표적인 조암광물인 석영, 장석, 흑운모, 휘석, 감람석 등을 설명할 수 있어야 한다. 글의 내용을 그림이나 도표, 사진 등에 적용할 줄도 알아야 한다. 예를 들어 사회에서 열대우림지역의 분포지역을 알았다면 지도에 표시할 줄 알아야 한다거나, 건조기후의 특색을 배웠다면 사막기후 그래프나 스텝기후 그래프를 그리거나 볼 줄 알아야 한다.

### 7) 공통점, 차이점을 파악하자.

비교, 대조하게 하는 질문도 추리형의 문제다. 예를 들면 '국회와 정부에서 하는 일의 주요한 차이점은?'과 같은 문제다. 대개 학생들은 국회가 하는 일에 대해서 열심히 읽고 외운다. 정부가 하는 일에 대해서도 열심히 읽고 외운다. 하지만 이 둘을 비교하고 대조해서 공통점과 차이점을 알아내는 문제에 약한 학생들이 있다. 이런 문제는 일정 정도 추리를 해야 하는 선택지가 있기 때문이다. 이것은 과일에서 토마토와 자두의 공통점과 차이점을 아는 것과 같다. 각각의 자료들과 특징을 많이 알아야 실수가 없다.

### 8) 창의적인 질문과 그에 대한 답을 생각해 보자.

창의적인 질문이란 예를 들면 이런 것이다. '지리산이 없어지면 어떻게 될까?'와 같은 질문이다. 또는 '바닷물이 짜지 않고 달다면 어떻게 될까?'와 같은 질문을 해 보고 스스로 답을 이끌어 보자. 엉뚱한 질문이지만 이러한 질문과 답을 찾아가는 과정에서 추리 능력이 발달할 수 있다.

# 04

시험 대비를 위한
예습·복습 읽기 전략

여러분의 공부 과정은 대체로 읽고, 듣고, 읽고를 반복한다. 읽기만으로 따진다면 공부는 읽은 횟수, 텍스트의 의미를 이해하는 능력과 추론 능력 등이 아주 중요하다. 읽기는 보통 예습과 복습을 통해서 이루어지는데, 규칙적으로 읽는 습관도 중요하다. 이때 예습하면서 읽는 방법과 복습하면서 읽는 방법을 달리해야 한다. 예습과 복습 읽기에서 교과서 형식이 어떻게 되어 있는지 파악하고 읽는다면 더욱 효과적으로 읽기를 할 수 있다. 우선 각 교과서가 어떤 형식으로 이루어져 있는지부터 파악하여 보자. 국어, 과학, 사회, 역사 교과서를 중심으로 살펴보겠다.

# 국어 교과서

단계로 구분하자면 국어 교과서는 3단계의 절차로 이루어진다. 단원 소개→작품→학습활동이다. 국어 교과서는 작품으로 되어 있지만 작품 소개 전에 단원 소개 부분이 나온다. 이 부분에서는 단원의 주제를 비롯해서 단원의 학습 내용이 설명되어진다. 단원 학습의 흐름을 알 수 있는 중요한 내용이다. 그런 다음에 작품이 등장하고 학습활동이 나온다. 학습활동은 작품의 이해를 바탕으로 단원의 학습목표를 얼마나 충실히 이해했느냐를 테스트 하고 있다.

사실상 작품 읽기도 중요하지만 단원 소개와 학습활동도 작품 이해 못지않게 중요하다. 하지만 학생들은 작품에 치중해서 읽는다. 수업시간에 선생님이 단원 소개와 학습활동을 설명해 주시지만 복습할 때 이 부분을 충실하게 읽고, 이해하는 복습을 반복하는 학생은 많지 않다. 주로 작품 위주로 읽고 시험을 대비한다. 단원 소개 부분에서는 작품을 이해하는 중요 개념과 원리가 나오는 경우가 많으므로 상당히 중요한 부분이다. 또한 학습활동을 통해서 시험문제의 유형을 예측할 수 있기 때문에 반복해서 읽고 유형을 터득해야 한다.

# 과학 교과서

단원의 구조는 크게 대단원 도입→중단원 도입으로 되어 있다. 대체로 중단원 도입에 학습 목표를 제시하고 있다. 중단원은 2~3개의 소단원으로 구성되어 있다. 내용 전개 방식은 주제에 대해서 가벼운 실생활 질문으로 시작한다. 예를 들면 중단원 〈광합성〉에서 첫 번째 소단원 '광합성에 필요한 것은 무엇일까?'에서 어항에 물고기와 물풀을 같이 넣고 키울 때 물고기는 먹이를 주지 않으면 죽지만, 물풀은 물과 무기양분만으로도 잘 자란다. 그 이유는 무엇일까? 이렇게 문제를 제기해 봐야 한다.

이러한 문제 제기를 소홀히 하지 말고 소단원을 읽고 난 다음에는 다시 한 번 읽고 이해해야 한다. 즉 다음에 나오는 탐구활동과 개념을 연결시켜서 이해해 두어야 한다. 문제 제기를 하고 난 다음에는 본격적으로 기본적인 개념 설명이 나온다. 광합성, 엽록체, 엽록소 등의 개념 설명이 이어진다. 물론 그림이나 사진 등의 이미지로 이해를 돕는다. 그런 다음에 광합성에 필요한 물질이 무엇인지 탐구나 실험활동을 어떻게 해 나가야 하는지 보여 준다. 탐구나 실험활동의 준비물, 목적, 과정, 결과를 통해 실험은 이렇게 해야 한다는 것을 알려 준다. 그리고 나서 탐구와 실험 과정과 결과에 대해서 이해할 수 있도록 개념을 정리해 주고 있다.

과학도 교과서마다 차이가 있을 수 있으나 대체로 이런 전개 방식으로 되어 있다. 다시 정리하면 문제 제기 → 개념 설명 → 탐구실험 활동 → 개념 정리로 되어 있다. 이런 흐름을 알고 어떤 내용을 어떻게 문제제기하는지 살펴서 읽어야 한다. 그리고 '탐구활동이 곧 시험 문제다.'라는 생각을 가지고 반복해서 읽어야 한다. 과학은 문제 제기, 탐구활동, 개념 설명이 떨어질 수 없는 하나의 원리라는 생각을 가져야 한다.

## 사회 교과서

사회는 이런 형식과 과정으로 되어 있다. 문제 제기 → 개념 정리 (현재의 모습, 사례) → 탐구활동을 통한 주제 재정리로 개념을 이해시킨다. 사회는 문체가 딱딱하지만 주로 설명식으로 되어 있어 개념만 잘 이해하면 된다. 소단원마다 학습 목표가 따로 있다. 일단 과학과 비슷하게 생각열기로 문제 제기를 한다. 예를 들면 〈사회적 지위와 역할〉 단원에서 '사회적 지위와 역할의 의미'에서 수업시간에 선생님이 학생들에게 휴대전화를 사용하지 말라고 충고한 이유와 학생으로서 어떤 행동을 해야 하는지 묻고 있다.

선생님과 학생의 지위와 역할이라는 개념을 가지고 설명할 줄 알아야 한다. 그런 다음에 보통은 두세 개의 작은 주제를 설명한다. 즉 사회적 지위와 역할에 대한 개념을 설명한다. 주제를 설명할 때는 실생활과 관련해서 사례위주로 전개하고 있다. 내용에 따라서 이미지, 용어 보충 설명으로 이해를 돕는다. 그런 다음에 탐구활동으로 주제 이해를 확고히 한다. 과학과 마찬가지로 생각열기나 탐구활동이 개념 이해를 위해 존재한다고 생각하면 된다. 따라서 생각열기, 주제, 탐구활동이 하나의 개념인 것이다.

# 역사 교과서

역사 교과서도 과학이나 사회 교과서의 형식과 비슷하다. 전체적으로 문제 제기 → 주제 설명 → 다양한 읽기 자료로 되어 있다. 예를 들면 〈신라의 삼국통일〉 단원에서 '백제와 고구려의 멸망'이라는 소단원이 있다. 소단원의 시작은 문제 제기부터 시작하는데, 낙화암에 관한 역사적 사실을 통해 문제를 제기한다. 역사 주제와 관련하여 문제를 제기한 후에 두세 개의 주제가 등장한다. 주제는 시간 순서에 따른 역사적 사건의 과정과 결과를 설명한다.

이때 다양한 이미지 자료와 용어 설명이 등장한다. 그런 다음에 읽기 자료와 탐구활동이 나와서 주제 이해를 돕고 과제를 제시한다. 과학, 사회와 마찬가지로 문제 제기, 읽기 자료, 탐구활동이 역사적 주제를 위해 존재한다고 생각하면 된다. 따라서 문제 제기, 주제, 읽기 자료, 탐구활동을 통해서 역사적 사실을 충분히 이해시키고 있다.

지금까지 각 교과서의 구성 형식에 대해서 살펴보았다. 이제부터 예습하면서 읽는 방법과 복습하면서 읽는 방법에 대해서 알아보겠다. 일반적으로 예습할 때는 속독을, 복습할 때는 정독을 활용하는 것이 바람직하다.

우선 예습할 때는 속독하면서 주제와 핵심 키워드 정도만 기억해두면 된다. 예습은 시간을 많이 잡아먹어서는 안 된다. 빠르게 읽으면서 '이런 내용을 수업하는구나.' 정도만 이해한다. 내일 배울 개념이 무엇인지 정도에서 읽기를 진행하면 된다. 이해되지 않는 어휘와 내용은 살짝 표시만 해 둔다. 예습할 때는 장소에 크게 영향을 받지 않는다. 예습은 자투리시간에도 가능하기 때문에 집에서건 학교에서건 크게 구애받지 않고 읽어도 상관없다. 국어의 경우, 줄거리와 주제 정도만 살펴본다. 나머지 과목은 앞에서 얘기했던 핵심어와 주제 정도다.

복습은 장소를 따져가며 읽는 것이 바람직하다. 충분한 시간 속에서 정독을 해야 하기 때문에 조용한 장소에서 차분하게 읽어야 한다. 복습할 때는 수업 내용을 토대로 정독하면서 구석구석 살핀다. 주제와 키워드만이 아니라 학습 목표도 읽고 이미지도 해석해야 한다.

자투리시간에 복습할 때는 발췌독을 한다. 필요한 부분만 집중해서 볼 수 있는 발췌독이 무난하다.

일주일 내에 이 과정이 이루어져야 한다. 재차 강조하지만 1회 복습할 때는 정독과 낭독을 섞어서 읽는다. 필요한 곳에서는 낭독하면서 효과적으로 기억시킨다. 2회 복습부터는 정독, 낭독, 속독을 적절히 섞어서 읽는다. 이미 이해한 내용은 빠르게 읽어 내려간다. 시간을 줄이기 위해서다.

# 05

지금까지 설명한 방법대로 책과 교과서를 읽기만 해도 상위권 수준의 읽기 능력에 도달할 수 있다. 하지만 이 정도로 만족해서는 안 된다. 앞에서도 얘기했지만, 여러분이 몇 년 후에 치러야 할 수학능력시험에서 국어의 경우 다양하고 긴 지문이 나온다. 어떤 분야의 지문이 나오더라도 당황하지 않고 읽고 해결해야 할 실력을 키워야 한다. 국어뿐만이 아니다. 다른 과목들도 '보기'를 제시해서 해결해야 할 문제들이 많아서 수준 높은 읽기 능력이 없이는 만점 받기가 힘들다. 따라서 중학교 때 기반을 충실히 다져 놓아야 고등학교에 진학해서도 어려움을 겪지 않고 익숙하게 문제를 읽고 해결할 수 있다.

수준 높은 읽기 능력이란 어떤 내용의 글을 대하더라도 다른 학생보다 더 빠른 시간 안에 더 많은 내용을 이해할 수 있는 능력을 말한다. 속독과 독해, 즉 속독·속해 능력을 향상시켜야 한다. 앞에서 속독으로 읽기만 하는 습관은 바람직하지 않다고 했지만 시험에서는 시간이 한정되어 있다. 평상시에 글을 많이 읽어서 속독과 독해 능력을 높여 놓아야 한다. 이러한 속독·속해 능력을 기르기 위해서 좀 더 다양한 활동이 필요하다.

대표적인 것이 통합적 읽기 능력이다. 교과서 읽기 능력을 높이고 시험을 잘 보기 위해서 교과서만 많이 읽으면 될 것 같지만 사실상 그렇지 않다. 하나의 교과서에 한 분야만이 아니라 여러 영역이 통합된 형태로 교과 내용이 변하고 있다. 읽기 능력을 높이기 위해서 다양한 활동에 관심을 가지고 읽을 필요가 있다. 그래야 어떤 글을 읽더라도 두뇌회전이 잘 되어 문제를 어렵지 않게 풀 수 있다. 국어의 경우도 교과서에 수록된 작품 위주로만 찾아서 읽는 것은 한계가 있다. 다른 과목도 마찬가지다. 교과 내용과 관련된 다양한 읽기활동을 통해 통합적 읽기 능력을 갖추어야 한다.

요즘 통합 교과라는 말을 자주 듣는다. 학교 교과서가 통합 교과로 바뀌고 있다. 국어를 비롯한 수학, 사회, 과학 등 각 과목이 개별적 학문이 아니라는 얘기다. 이제 통합적 읽기 능력을 갖추지 않으면 수업 자체도 따라가기 힘들 정도가 됐다. 각 과목을 공부할 때 어떻게 해야 하는지 살펴보자.

국어를 공부하면서 다양한 학문에 관심을 가지고, 관련된 책이나 글을 읽으면 통합적 읽기 능력에 도움이 된다. 국어 교과서에서 문학작품과 비문학작품을 배운다. 문학작품 중 소설을 읽을 때에는 사건과 줄거리 위주로 읽지 말자. 초등학교 수준에서 벗어나야 한다. 소설에서는 다양한 인물이 나오고, 그 인물들을 통해 인간의 심리를 다양하게 알 수 있다. 좋은 소설은 손으로 무릎을 탁 칠 정도로 인간의 심리를 상상 이상으로 잘 표현하고 있다. 어디서 느낄 수 없는 사람의 심리를 소설을 통해 깨달을 수 있다. 인간의 심리에 관심을 가지고 쉽게 쓰인 심리학 책을 읽어 보자.

EBS '두 얼굴의 제작팀'이 발간한 〈인간의 두 얼굴〉을 비롯해서 중학생이 읽을 만한 심리학 서적을 추천받아 읽어 두면 다음에 다른 소설을 읽어 나갈 때 도움이 된다. 또한 소설을 읽어 가면서 인물의 갈등과 화해를 통해 올바른 인간관계가 무엇인지 생각해 볼 줄 알아야 한다. 인간관계론에 대해 쓴 책도 읽어 보자. 학교와 사회 속에서 가져야할 바람직한 인간관계는 개인적으로도 중요한 가치가 된다. 또한 소설 속에는 인간의 욕망, 정의, 진리 등의 인생 철학이 담겨져 있다. 딱딱하지 않고 힘들지 않은 철학책을 읽어 두면 생각하는 힘도 기를 수 있다.

교과서의 비문학작품은 인문, 경제, 사회, 과학, 철학 등의 다양한 내용들이 있다. 처음에 관심 가는 분야부터 시작해서 점차 다른 분야의 책들도 읽어 두자. 조금은 어려운 글들도 자꾸 보려는 노력을 해야 읽기 능력이 향상된다고 했다. 이처럼 국어 교과서를 통해 웬만한 분야의 내용은 모두 접할 수 있다. 국어 교과서만 읽을 것이 아니라 관련된 내용을 찾아서 읽어 보는 적극적인 읽기활동이 필요하다.

수학의 경우에도 언어, 과학, 사회, 미술 등 기타 교과의 소재를 통합적으로 활용하고 있다. 스토리텔링을 도입하여 이야기식으로 재미있게 수학을 풀어가고 있다. '끓는점에서 찾을 수 있는 유리수'처럼 과학 교과와 융합해서 수학을 풀어가고 있다. 세종대왕이 수학을 배운 산학계몽을 소개하며 산학계몽에 실린 문제를 일차방정식으로 풀이하는 내용도 있다. 이밖에 내가 버린 음식물을 정화하는 데 얼마나 많은 물이 필요한지를 BOD(생화학적 산소요구량)를 통해 계산해 낸다든가, 스포츠에서 도형의 성질을 찾는 내용도 배운다. 이처럼 학문 간의 경계를 넘나들어 배경지식을 쌓아야 한다.

사회도 마찬가지다. 사회는 지리, 역사, 정치, 문화, 경제, 사회 등의 분야를 망라해서 배우고 있다. 사회 교과서를 활용하면 다양한 읽을거리를 찾을 수 있다. 사회 교과서 곳곳이 읽을거리다. 실생활에서 벌어지는 현상들을 사회 원리와 연결시켜 흥미롭게 풀어가기도 한다. 예를 들면 〈정치 과정과 다양한 정치 주체〉 단원에서는 인천국제공항 건설 과정을 사례로 단원의 중요 개념을 설명하고 있다.

과학 교과서도 기존의 과학 중심 일변도의 내용에서 탈피하고 있다. 예를 들어 발레리나의 발을 통해 예술 속에서 과학을 발견하는 내용이 나온다. 이를 통해 압력의 원리를 이해하고 있다. 또 하나의 예로 바닷물을 식수로 만드는 '해수 담수화 플랜트'를 통해 과학과 기술, 사회를 통합해서 이해하도록 하고 있다. 과학을 어려워하거나 흥미를 가지지 못하는 학생은 이러한 내용을 통해 과학적 흥미를 일으키는 것도 또 하나의 방법이다.

역사도 마찬가지다. 사건의 원인과 결과를 아는 것도 중요하지만, 시대별로 한국사와 세계사를 연결할 줄도 알아야 한다. 또한 자연현상과 사회 · 문화현상을 파악하는 능력도 길러야 한다.

이렇듯 교과 내용의 변화로 볼 때 단편적인 읽기, 한 방향 읽기를 가지고서는 변화된 교과서와 시험문제에 적응하기 힘들다. 작년과 올해, 통합 교과 추세에 맞추어 시험도 통합형 문제가 많이 출제되고 있다. 특히 서울과학고의 경우 수학 · 과학을 통합하는 문제 유형이 늘어나고 있고, 과학 과목은 영역별 통합 문제의 비중이 높아지고 있다. 한국과학영재학교의 과학 과목은 교과 통합형 문제가 대부분이다. 아직은 비중이 높지 않지만 일반학교도 이런 유형의 문제들이 점차 확산되고 있다. 다시 정리해 보면 통합적 읽기 능력을 기르기 위해서는 역사와 과학책을 읽다가 수학 원리에도 주목할 줄 알아야 한다. 수학문제를 해결하는 데 국어에서 필요한 사고력과 역사 혹은 과학적 지식도 알아야 한다. 이렇게 관련 내용들을 그때그때 찾아 읽어서 배경지식을 폭넓게 늘려가야 한다. 교과 내용과 관련된 책은 미리미리 읽어 두자. 어차피 해야 할 독서라면 방학을 이용해서 교과서를 훑어 보고, 교과 관련 내용의 책을 읽어 두면 학기 중에 수업할 때 도움이 된다.

예를 들면 사회 교과서 내용에서 환경이라는 주제가 있다면 환경에 관련된 책을 읽자. 직접 골라보든지 아니면 중학생이 읽을 만한 책을 인터넷이나 선생님에게 추천받아 읽어 보자. 이때도 생각을 하며 책을 선택하고 읽어야 한다. 환경을 보호하자는 입장과 자연을 개발하자는 입장을 대변하는 책을 읽고 자신의 가치관을 세운다면 훌륭한 읽기 전략이 된다.


이러한 통합형 교과 내용들과 다양한 지문과 보기의 문제를 해결하기 위해서는 책뿐만 아니라 신문, 잡지 등의 다른 읽기활동과 방송 등의 보는 활동, 그밖에 쓰기활동도 필요하다. 보고 듣고 쓰는 활동도 읽기 능력에 직·간접적으로 도움을 준다는 사실을 알아야 한다. 편식이 건강에 도움을 주지 못하는 이치와 같이 읽기도 마찬가지다. 책은 기본이고, 이러한 활동들을 종합적으로 해야 생소한 글을 읽더라도 자신감을 잃지 않고 읽기 능력이 발휘된다.

신문은 시사적인 정보들을 얻을 수 있다. 책처럼 오랜 시간을 읽지 않고 단 20~30분 정도에 한두 가지 이슈를 파악할 수 있다. 특히 칼럼을 꾸준히 읽으면 지금 돌아가는 사회의 모습을 어느 정도 이해할 수 있다. 예를 들면 선거 연령을 낮추자는 의견들이 이슈가 되었다면 해당 내용들을 찾아 읽어 보고 자신의 의견도 정리해 보는 시간을 가져 보자. 텔레비전 방송을 통해서도 시사적인 지식과 교과 지식을 쌓을 수 있다. 각 채널마다 시사적인 내용의 보도나 토론 프로그램이 있다. 이러한 방송프로그램을 통해서 비판적 읽기 능력을 기르는 데 도움이 된다. 다큐멘터리는 재미도 있고 교훈적이어서 교과학습에도 영향을 끼친다. 이밖에 박물관, 역사관, 미술관, 음악회를 이용하는 학생들도 있다.

이렇게 다양한 매체를 통해 읽고, 듣고, 보는 활동 모두가 읽기 능력을 향상시킨다. 그리고 읽기 능력을 도약시키는 또 하나의 방법은 쓰기다. 학생들이 스마트폰에 익숙해지면서 쓰기활동과 점차 멀어지고 있다. 학교시험에서 서술형, 논술형 시험이 강화되면서 쓰기활동도 중요해졌다. 이제 논술력을 길러야 한다. 하지만 쓰기활동을 통해 읽기의 중요성을 느낄 수 있다. 독후감을 잘 쓴다는 것은 한 권의 책을 잘 읽었다는 의미가 아니라 그동안 읽기를 잘해 왔다는 뜻이다.

책이나 교과서를 읽으면서 메모하기를 게을리 하지 말자. 앞서도 얘기했지만 글을 읽을 때 제목, 서문, 목차, 뒤표지 등을 놓치지 말자. 또한 필요에 따라 책의 본문은 정독할 책도 있지만 필요한 부분만 발췌독 할 때도 있다. 이런 습관들이 모여 논술의 기초가 된다. 논술을 잘하기 위해서 평소에 짧은 글짓기를 해 보자. 주제가 잘 생각나지 않을 때는 무심코 교과서를 펼친다든가, 교과서의 목차를 살펴보자. 교과서 속에 무수한 논술 내용들이 담겨져 있다. 교과서 내용이 논술이고, 논술시험이 교과서 내용이다. 과목을 가리지 않고 교과서 내용 곳곳에 논술 주제가 있다. 논술은 배경지식도 필요하고, 논리력도 필요하다.

# 읽기 능력에 도움이 되는
# 논술 개요 짜기

　읽기 능력이 뛰어나면 글도 잘 쓰고 글을 잘 쓰는 학생은 많이 읽었다는 의미다. 논술에서 중요한 건 개요 짜기다. 개요 짜기가 어려워서 그렇지 방법만 알면 내용을 입히면 된다. 이 방법은 규칙이 있으면서 흥미롭다. 예를 들어 사회 교과서의 〈개인과 사회생활〉 단원을 보다가 '우리 사회에서 나타나는 차별과 갈등'을 보면 다음과 같은 내용이 나온다.

## 장애인 차별

**기자 :** 안녕하세요. 한평등 기자입니다. 생활하실 때 어떤 점이 힘든가요?

학생 : 제가 생활하면서 가장 불편하다고 느끼는 것은 이동이에요. 등교해서 교실에 갈 때는 경사로와 같은 시설이 있어 힘들지 않아요. 그런데 음악실 등이 있는 다른 건물에는 경사로나 엘리베이터가 없어서 이동하기가 힘듭니다.

**기자 :** 학교생활에 그런 어려움이 있었군요. 또 다른 차별은 없나요?

학생 : 장애를 이유로 거부당한 적이 많습니다. 제 보조기구로 인해 다른 사람보다 승차하는 데 시간이 오래 걸리기 때문에 거부하는 것 같아요.

**기자 :** 정말 몸도 마음도 많이 불편하셨겠네요! 장애인 차별 금지법 등이 만들어져 고용, 교육, 교통수단 등에서 차별을 개선하고 있다고 생각했는데, 부족한 점이 많군요.

학생 : 네. 시각 장애를 가진 제 친구는 점자책이나 녹음도서의 종류가 다양하지 못해, 읽고 싶은 책이 있어도 마음껏 읽지 못하고 있어요. 그런 모습을 보면 안타까워요.

**기자 :** 장애인들에게 실질적인 도움을 주는 여러 가지 시설이나

　　　제도 마련이 시급하군요.

**학생 :** 장애인을 위한 시설의 편의 개선이 꼭 이루어져야 하겠

　　　지만, 장애인을 불쾌하게 바라보는 사람들의 인식도 개

　　　선됐으면 좋겠습니다.

(중학교 사회1 p164, 지은이 김영순 외, 발행인 두산동아)

이 내용을 읽고 개요 짜기를 해 보자. 우선 제목을 정해야 하는데, 제목은 '장애인에 대한 차별과 해결방안'으로 할 것이다.

제목을 정하고 난 다음에 가장 먼저 할 일은 주장하고 싶은 내용을 정해야 한다. 그것이 곧 주제다. 주제(주장)는 '장애인을 차별하지 말고 같은 사람으로 대하자.'로 정했다. 이렇게 주제가 정해졌으면 목차를 구성해야 한다. 기본 구조는 서론, 본론, 결론의 3단계다. 이때 적는 순서가 중요한데, 주장을 결론의 첫째 단락에 먼저 적는다.

| 서론 | |
|------|--|
| 본론 | |
| 결론 | 주장 : 장애인을 차별하지 말고 같은 사람으로 대하자. |

이번에는 본론에 주장의 근거를 제시한다. 장애인을 차별하는 현실과 장애인을 동등하게 생각하지 않는 현실의 두 가지를 근거로 적는다.

| 서론 | |
|------|--|
| 본론 | 1. 장애인이 자립할 수 있는 실질적인 시설을 늘여야 한다.<br>2. 장애인이 특별한 사람이 아닌 동등한 사람이라는 생각이 필요하다. |
| 결론 | 주장 : 장애인을 차별하지 말고 같은 사람으로 대하자. |

본론에 근거를 제시했으면 서론으로 와서 읽는 사람이 관심을 가지도록 내용을 소개한다.

| 서론 | 장애인에 대한 관심이 높아졌으나 아직도 차별이 많다. |
|------|-----------------------------------------------------|
| 본론 | 1. 장애인이 자립할 수 있는 실질적인 시설을 늘여야 한다.<br>2. 장애인이 특별한 사람이 아닌 동등한 사람이라는 생각이 필요하다. |
| 결론 | 주장 : 장애인을 차별하지 말고 같은 사람으로 대하자. |

이번에는 순차적으로 서론, 본론, 결론에 내용을 붙여 보충한다.

| 서론 | 장애인에 대한 관심이 높아졌으나 아직도 차별이 많다.<br>보충〉누구에게나 인간의 권리. 즉 인권이 있다. 그럼에도<br>불구하고 우리 사회는 아직도 장애인에 대한 차별이 존재한다. |
|------|-----------------------------------------------------|
| 본론 | 1. 장애인이 자립할 수 있는 실질적인 시설을 늘여야 한다.<br>보충〉학교시설 및 사회시설에서 장애인들이 생활하는데<br>불편하지 않도록 편의 시설을 늘여야 한다.<br><br>2. 장애인이 특별한 사람이 아닌 동등한 사람이라는 생각이 필요하다.<br>보충〉물질적인 혜택도 필요하지만 실질적으로 장애인을<br>바라보는 잘못된 시선으로 장애인에게 상처를 주지 말자. |
| 결론 | 주장 : 장애인을 차별하지 말고 같은 사람으로 대하자.<br>보충〉물질적으로나 정신적으로 장애인이 홀로 설 수 있는<br>환경을 만들어서 모두가 함께하는 사회를 만들자. |

보충한 내용을 읽으면서 퇴고(수정)한다. 이때 글의 흐름, 주장의 논리성, 어법 등을 점검한다.

이상을 정리하면 '개요 짜기'는 결론, 본론, 서론의 순서대로 짜고, 살(보충)을 붙일 때는 서론, 본론, 결론의 순서대로 하면 된다. 논술을 잘하려면 평소에 교과서를 읽을 때도 문제의식을 가지고 어떤 주제에 대해서 생각하는 자세가 필요하다. 그리고 자주 목차를 구성해 본 후 글을 만들면 된다. 읽고 생각하고 손을 움직이기를 게을리 하지 말자.

읽기 능력의 고수가 되려면 4단계 훈련을 반복해야 한다.


1단계 : 정독을 한다. 때로 속독도 하고 낭독도 한다.

2단계 : 읽으면서 메모를 하고 요약을 한다.

3단계 : 어떤 내용에 집중해서 읽어야 할지를 파악한다.

4단계 : 읽은 내용을 명확하고 조리 있게 상대방에게 설명한다.


이것은 각 과목에 공통되는 방법이다.

# Part 04

전 과목 만점을 위한
# 읽기 능력
# 핵심 포인트

# 01 영어
독해를 잘하는 방법과
끊어 읽기로 읽기 능력을 높이자

영어도 언어라는 측면에서 보면 국어공부 방법과 크게 다르지 않다. 다만 영어 읽기 능력을 높이기 위해 독해를 잘하는 몇 가지 방법과 끊어 읽기에 대해서 집중적으로 설명해 보겠다.

## 독해를
## 잘하는 방법

독해를 할 때는 다음 다섯 가지에 주의해야 한다.

## 영어 독해를 할 때 주의할 점 다섯 가지

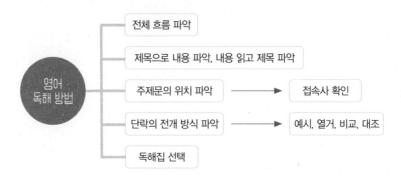

### 첫째, 전체 흐름을 파악해야 한다.

시험문제에 전체 흐름과 관련 있는 내용이나 관련 없는 내용을 고르는 문제가 등장한다. 독해에서 각각의 영어문장을 너무 완벽하게 해석하려 하거나 부분적인 내용에 집착하다 보면 전체 맥락을 놓치기 쉽다. 시험시간을 한정되어 있기에 전체 흐름을 파악하려는 자세가 제시문과 일치하는 내용을 고르는 문제에서 실수를 줄일 수 있다.

### 둘째, 제목 자체가 주제를 함축하는 경우가 많으므로 제목으로 전체 내용을 유추해 본다.

제목이나 주제를 묻는 문제가 나온다. 평소에 영어 읽기를 할 때, 제목을 통해 내용을 유추하거나 내용을 읽고 제목을 확인하고 주제를 파악해 보자. 제목이 없을 때는 제목을 스스로 달아보는 습관을 들이되 중학교 수준에서는 내용 속에서 제목을 찾는 것이 바람직하다. 이러한 습관은 핵심 내용과 주제를 파악하는 능력을 향상시킨다. 예를 들어서 이솝 우화에 나오는 다음 대화 내용을 읽고 제목을 달아 보자.

A : If we hear the cat, we can run away.

B : That's a good point.

A : Let's put a bell on the cat. Do you agree?

B : Yes, I do. I'll second that.

A : But who'll put a bell on the cat?

B : That's a good question. Who's going to volunteer?

제목을 정하려면 우선 주제문을 찾아야 한다. 이때 너무 포괄적인 내용이나 부분적인 내용은 피하자. 대화 내용에서 중심 단어, 즉 키 워드를 찾아내야 한다. 일단 읽으면서 중심 내용을 파악해 보자. 이 대화의 중심 내용은 고양이 목에 방울을 달면 그 소리를 듣고 도망갈 수 있다는 것으로, 이를 통해 '고양이'와 '방울'이 중심 단어가 된다는 것을 알 수 있다. 그렇다면 〈Let's put a bell on the cat〉이 주제문일 까?

테스트를 해 보면 대부분의 중위권 학생들이 이 문장을 주제문으로 선택한다. 하지만 주제문을 뽑을 때는 항상 역접접속사가 있는지 확인해야 한다. 역접접속사 'but'이 나오면 화제가 바뀌었음을 의미

한다. 따라서 여러분이 영어 독해를 할 때 접속사에 주의해야 한다. 이 대화에서도 핵심은 'but' 다음의 문장, 'who'll put a bell on the cat?'이 된다. 즉 이 대화의 핵심은 과연 '누가 고양이 목에 방울을 달 것인가?'로, 이 문장을 그대로 제목으로 사용해도 된다.

### 셋째, 주제문의 위치를 파악한다.

영어 문단에서는 첫 문장에서 주제문을 제시한 후에 주제를 부연하는 내용이 이어지는 경우가 많다. 그렇지 않을 경우에는 앞에서도 얘기했지만 접속사를 유심히 살펴보아야 한다. 특히 'but'이나 'because' 뒤의 내용은 강조하고자 하는 핵심 문장이거나 주장에 대한 근거를 나타내기 때문에 주제문일 확률이 대단히 높다. 간혹 주제를 뒷받침하는 내용을 설명한 후 주제문을 문단 끝에 제시하기도 한다. 이때는 'finally, at last, in conclusion' 뒤의 문장을 주시하면 된다.

### 넷째, 예시, 열거, 비교, 대조 등 글(단락)의 전개 방식을 파악하며 읽는다.

글의 전개 방식을 파악하면 글의 순서를 맞추는 문제나 빠진 문장을 찾아 넣는 문제, 글의 흐름상 어색한 문장을 고르는 문제를 쉽게 해결할 수 있다. 예시는 말 그대로 예를 들며 전개하는 것으로 보통 'for instance, for example' 등을 사용한다. 열거는 설명문이나 신문 기사 등에서 주로 사용하는 방법으로 쇼핑몰에서 쇼핑을 즐겨하는 이유나 학생들이 공부해야 하는 이유 등을 나열하는 형태이다. 열거할 때는 'one, another, other(s), some, in addition, besides'와 같은 단어를 사용한다. 비교와 대조는 두 가지 사실의 공통점과 차이점을 설명하는 방법이다. 비교할 때는 'compared to'가 사용되고, 대조할 때는 'in contrast'가 자주 나온다.

**다섯째, 독해집은 다양한 문화와 분야를 소개하는 내용이어야 한다.**

독해집을 고를 때는 영미문화나 우리나라 문화만이 아니라 세계 문화를 골고루 다루고 있는 내용을 고르는 지혜를 가져야 한다. 또한 정치, 경제, 사회, 문화, 예술 등 여러 분야의 내용이 다루어진 독해집을 찾아 읽는 것이 현명하다. 어느 한 분야만 집중적으로 실려 있는 독해집은 가급적 피하자. 여러분은 현재 어느 한 분야의 전문가가 되기 위한 것이 아니라, 어떤 내용이 나와도 글을 술술 읽을 줄 알아야 하기 때문이다. 독해력을 키우고 싶다면 영문 잡지와 영자신문을 구독해서 읽는 방법도 바람직하다.

# 영어는
# 끊어 읽기가 관건이다

영어시험에서 좋은 점수를 받으려면 지속적으로 독해력을 키워야 한다. 영어시험의 3분의 2가 독해문제라는 점을 생각하면 당연한 일이다. 영어 독해문제는 국어 독해문제와 마찬가지로 대부분 읽기와 추론을 통해 그 내용과 주제를 묻는 형식이다. 빠른 독해를 위해서는 끊어 읽는 습관이 바람직하다. 어느 부분에서 끊어 읽느냐에 따라 시간을 단축할 수도, 지체할 수도 있다.

우리 말을 읽을 때와 비교해 보면서, 먼저 다음 문장을 끊어 읽기를 해 보자.

〈댐으로 막은 물에서 얻은 에너지는 집과 공장을 위한 에너지로 바뀔 수 있다.〉

이 문장을 읽을 때 단어 단위로 끊으면 이해하기가 쉽지 않다.

〈댐으로 / 막은 / 물에서 / 얻은 / 에너지는 / 집과 / 공장을 / 위한 / 에너지로 / 바뀔 / 수 / 있다.〉

사실 이렇게 읽는 학생은 없을 것이다. 또한 제대로 끊어 읽지 않으면 뜻이 혼란스럽고, 이해하기까지 시간이 오래 걸린다. 이렇게 끊어 읽어도 마찬가지다.

〈댐으로 / 막은 물에서 / 얻은 에너지는 / 집과 공장을 / 위한 에너지로 / 바뀔 / 수 있다.〉

하지만 같은 문장을 다음과 같이 어구 중심으로 네 부분으로 끊어 읽으면 뜻이 분명해진다.

〈댐으로 막은 물에서 얻은 / 에너지는 / 집과 공장을 위한 / 에너지로 바뀔 수 있다.〉

사실 더 능숙해지면 이렇게 끊어 읽기를 해야 이해가 더 쉬워진다. 다음 두 부분으로 끊어 읽을 수 있다.

〈댐으로 막은 물에서 얻은 에너지는 / 집과 공장을 위한 에너지로 바뀔 수 있다.〉

이렇게 끊어 읽기 하는 것을 의미 단위로 끊어 읽기 한다고 말한다. 의미 단위로 끊어 읽는 것이 훨씬 이해하기 쉽다. 국어나 영어는 이런 방식을 활용하면 독해가 쉬어진다. 이제 영어문장을 가지고 해 보자. 다음 문장을 어디서 끊어 읽어야 할지 생각해 보자.

〈Energy from the dammed-up water can be changed into

electric power for homes and factories.〉

여러분이 사선을 그어서 표시를 해 보았다면, 이제 끊어 읽기 방법을 활용해 설명해 보도록 하겠다.

보통은 주어와 동사를 하나의 의미 단위로 해석하는 것이 기본이지만, 수식어가 있어서 주어가 길어질 경우에는 동사 앞에서 끊어 읽는다. 그리고 수식어구(전치사+명사)와 부정사, 동명사, 분사구 앞에서 끊어 읽는다. 여기에 '절(주어와 서술어를 갖는다)' 앞에서 끊어 읽는 것 정도만 알면 독해가 빨라진다. 끊어 읽기를 잘하려면 기본적으로 문장 구조를 이해해야 한다. 문장 구조를 모르면 어디서 끊어 읽어야 할지가 헷갈린다.

독해의 기본은 문법이다. 문법공부를 할 필요가 없다는 말은 너무도 터무니없는 소리다. 문법공부를 게을리 해서는 안 된다. 문법을 바탕으로 작문하는 연습을 하면 끊어 읽기가 쉬워진다. 하루에 몇 분이라도 영어 작문을 해 보자. 영어 작문을 잘하면 독해할 때 의미를 생각하며 빠르게 끊어 읽을 수 있고, 독해 실력이 좋아질수록 끊어 읽는 범위가 점점 넓어진다.

자, 그럼 앞에 제시했던 문장을 끊어 읽기 해 보았을 것이다. 여러분은 어디에서 끊어 읽었는지를 다음 세 가지 경우와 비교해 보자.

■ 하수들의 끊어 읽기

⟨Energy / from the dammed-up water / can be changed into electric / power for homes and factories.⟩


■ 중수들의 끊어 읽기

⟨Energy from the dammed-up water / can be changed into electric power / for homes and factories.⟩


■ 고수들의 끊어 읽기

⟨Energy from the dammed-up water / can be changed into electric power for homes and factories.⟩


끊어 읽기를 마음먹고 조금만 연습하면 읽기 능력이 좋아질 수 있다.

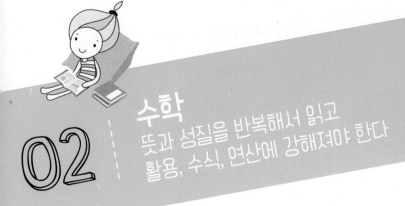

## 수학
### 뜻과 성질을 반복해서 읽고
### 활용, 수식, 연산에 강해져야 한다

02

수학의 중요성을 모르는 학생은 없다. 이 수학 때문에 공부를 힘들어하는 학생도 가장 많다. 수학적 이해력이 부족하면 자신의 꿈과 목표도 바꾸거나 접어야 할 정도로 수학은 중요하다. 이 정도로 수학은 학생들의 아킬레스건이고 미래를 좌지우지한다. 수학은 무조건 많이 풀어 봐야 한다고 하지만, 그 근본은 읽기에서 시작한다. 정확히 읽고 이해해야 수식을 잘 세우고 문제를 잘 풀 수 있다. 수학을 잘하기 위해서는 네 가지에 집중해야 하는데, 바로 용어, 성질, 활용, 수식과 연산이다.

## 수학을 잘하기 위한 네 가지 요소

수학을 잘하는 방법

- '용어의 뜻' 읽기를 반복한다.
- '개념으로부터 나오는 성질' 읽기를 반복한다.
- 활용 문제를 잘 풀기 위해서는 용어+성질을 잘 이해해야 한다.
- 생각을 하며 수식을 세우고 연산이 자유로워야 한다.

### 첫째, 용어의 정확한 뜻을 이해해야 한다.

수학풀이의 시작은 용어의 뜻을 정확히 읽고 이해하는 데 있다. 즉 개념을 이해한다는 말과도 같다. 1학년 〈소인수분해〉 단원에 나오는 '거듭제곱', '소수', '서로소'의 뜻을 몇 번이고 읽으면서 머릿속에 저장해야 한다. 〈정수와 유리수〉 단원도 마찬가지다. '정수', '절댓값', '교환법칙', '유리수'의 정확한 뜻을 읽고 나서 설명할 줄 알아야 한다. 문제풀이는 나중 문제다.

읽고 쓰고 기억하면서 용어의 의미를 놓치지 말아야 한다. 학생들은 가장 기본이 되는 용어를 대략 이해하고 문제만 풀다 보니 기본에서부터 틈이 생기는 것이다. 〈평면도형의 성질〉 단원에서도 다각형의 뜻과 외각, 내각의 뜻을 몇 번이고 읽어서 정확히 알고 나서 삼각형의 내각과 외각의 성질을 이해해야, 다각형의 내각의 크기의 합을 구할 수 있게 된다. 따라서 수학의 기본은 교과서에 나오는 용어의 뜻을 설명하는 부분을 반복해서 읽고 이해하는 것이 우선이다. 읽기를 무시하고 풀이만 하려는 습관을 고쳐야 한다.

**둘째, 개념으로부터 나오는 특징, 즉 성질을 알아야 한다.**

수학은 단순히 용어의 뜻을 이해만 한다고 해서 수학문제를 잘 푸는 것은 아니다. 개념을 이해한 후에는 성질을 알아야 한다. 예를 들면 공약수와 최대공약수의 뜻을 잘 이해했다고 해서 최대공약수 문제를 잘 푸는 것은 아니다. 최대공약수의 성질을 알아야 한다. 최대공약수의 성질이란 '두 개 이상의 자연수의 공약수는 그 수들의 최대공약수의 약수이다.'이다. 교과서에 기본 사례와 함께 나온 최대공약수의 성질 내용을 충분히 읽고 이해하든지, 아니면 수업시간에 선생님이 설명해주는 내용을 필기하고 집에 와서 몇 번이고 읽으면서 간단한 기본 사례로 이해해야 한다.

〈평행선에서의 각의 성질〉도 마찬가지다. 동위각의 뜻을 알았다고 해서 동위각의 모든 문제를 해결할 수 있는 것은 결코 아니다. 동위각의 성질을 알아야 한다. '두 직선이 다른 한 직선과 만날 때, ① 두 직선이 평행하면 동위각의 크기는 서로 같다. ② 동위각의 크기가 서로 같으면 두 직선은 평행하다.'이다. 동위각의 성질을 읽으면서 그림도 그려 보면서 생각을 충분히 하면 문제풀이에도 강해진다. 왜냐하면 수학은 사고의 학문이기 때문이다. 다시 강조하지만 문제풀이에만 시간을 투자하지 말고 뜻과 성질을 반복해서 읽고 충분히 생각하는 시간이 더 중요하다. 그런 다음에 다양한 문제를 푸는 것이 훨씬 효율적인 수학공부 방법이다.

### 셋째, 응용, 즉 활용할 줄 알아야 한다.

학생들은 활용문제를 어려워한다. 활용문제에서 점수가 얻지 못한다. 활용문제도 뜻을 이해하고 성질을 잘 알고 있으면 그다지 어렵지 않다. 활용문제란 '성질'에서 한 번 비틀어서 출제한 문제라고 생각하면 된다. 학생들 중에 문제를 보면 어떤 개념을 이용해서 풀어야 된다는 것은 알겠는데, 처음 터치(touch)를 어떻게 해야 하는지 모르겠다는 학생들이 있다. 이런 학생들은 성질을 완벽히 이해하지 못한 경우가 대부분이다. 이때는 다시 성질 부분으로 돌아가서 이해를 반복하는 것이 현명하다. 그렇지 않고 정답지를 보면서 활용문제를 억지로 이해했다고 해도 다른 활용문제를 대하면 당황하기는 마찬가지다.

예를 들면 최대공약수 활용문제도 최대공약수 성질을 이해하고 다양한 문제를 해결할 수 있다면 어렵지 않다. 생각을 많이 한 학생이 문제도 잘 풀게 되어 있음을 명심해야 한다. 교과서에 쓰여 있는 텍스트를 잘 읽고 이해하는 데 신경을 쓰자.

### 넷째, 수식과 연산을 자유롭게 해야 한다.

수식과 연산은 앞의 세 가지를 하고 난 다음에 본격적으로 한다는 의미가 아니다. 앞의 세 가지 단계마다 수식과 연산이 적절하게 사용된다. 어떤 단원은 개념을 익힌 다음에 기본적인 수식과 연산을 통해 개념을 더욱 이해할 수 있다. '국어는 문장을 통해 말하지만 수학은 수식을 통해서 말한다.'라는 말이 있다. 먼저 수학 용어의 뜻을 이해하고, 성질을 이해하고, 활용문제를 풀 때 문제에 나와 있는 그대로 수식을 세운다. 문제에서 이해되지 않는 내용이 있으면 그 부분에서 생각을 해 보면서 다시 수식을 세워 보자. 수식을 세우고 난 다음에는 실수가 없도록 계산을 해서 답을 구해야 한다.

수학은 이렇게 네 가지를 얼마나 충실히 하느냐에 따라 실력이 판가름 난다. 용어의 뜻을 제대로 이해 못하면 성질도 이해하기 힘들다. 성질은 개념으로부터 나오는 특징이다. 성질을 불충분하게 알고 있으면 활용문제는 접근이 힘들다는 것을 깨달아야 한다. 다시 강조하지만 수학도 읽기를 잘해야 한다. 충분히 생각하고 머릿속에 정리하는 시간과 비례해서 문제도 잘 풀린다.

# 읽기 능력을 향상시키기 위해서 '청소년 경제이해력 시험'에 도전하라

세계적으로 경제교육의 중요성이 강조되어 오면서 최근 몇 년 사이, 우리나라도 인식이 바뀌면서 어린이와 청소년 경제교육에 대한 관심이 커지고 있다. 경제교육을 받은 학생들이 학업에서도 우수하다는 연구 사례도 있다. 플로리다대학의 연구 결과에 따르면 6개월간 경제교육을 받은 학생은 그렇지 않은 학생보다 언어 점수가 평균보다 15%, 수학 18%, 과학 39% 높은 것으로 나타났다.

2014년 금융위원회의 '금융 이해력 측정조사' 보고서에 따르면 지난해 말 기준으로 우리나라 국민 계층별 금융 이해력은 청소년은 말할 것도 없고 모든 연령에서 낙제점이다. 이러한 상황 인식하에, 최근 들어 금융감독원에서 경제교육을 초·중·고등학교 정규 교과 과정에 연계하는 방안을 검토 중이라고 한다.

더불어 현재 지방자치단체나 금융감독원 주최로 '찾아가는 청소년 경제교실'이라는 이름으로 강의를 하고 있다. 또한 금융감독원은 초·중·고등 학생을 대상으로 금융교육 책자를 발간하고 있는데, 책자를 구해서 가볍게 읽어 보는 것도 좋은 방법이다. 또한 주기적으로 청소년 경제신문 사이트에 들어가서 둘러보거나 일반신문의 경제칼럼을 읽어 보자. 처음에는 낯설고 어려울 수 있으나 자주 읽다 보면 아는 단어가 많아지고 무슨 뜻인지 궁금하게 된다. 그러면서 배우는 것이다.

MTN 머니투데이방송 〈경제버스〉를 활용하거나, 유튜브에서 머니투데이방송 경제버스를 검색하면, 2분 정도씩 학생들 인터뷰 방송도 나온다. 머니투데이방송은 '경제스피치대회'를 개최함으로써 우리 청소년들의 경제와 금융 교육에도 앞장서고 있다. SBSCNBC의 'EQ쇼 SUM'은 청소년들을 위해 생활 속 금융교육의 필요성을 밀착형 경제퀴즈를 통해 일상생활 속 금융과 경제에 친숙하게 다가갈 수 있는 프로그램이다. 'EQ쇼 SUM'은 고등학생들에게 경제상식은 물론, 종합적인 '금융 이해력'을 향상시켜 실제 경제생활에서 현명하고 올바른 판단을 내릴 수 있는 '금융 이해력'을 배양시키는 프로그램이다.

경제이해력 시험에는 테셋과 매경테스트가 있다. 테셋은 한국경제

신문이 주최하고, 매경테스트는 매일경제신문이 주최한다. 두 개의 시험 모두 성인들이 볼 수 있는 시험과 청소년들이 볼 수 있는 시험으로 나누어져 있다. 한경에서는 주니어테셋이라고 하고 매경에서는 틴매경 TEST라고 한다.

틴매경TEST는 중학교 2학년부터 고등학교 3학년 학생까지를 대상으로 하며 상경계 대학 진학을 목표로 하는 학생들과 금융권 취업을 준비하는 학생들이 자신의 경제·금융 실력을 검증할 수 있는 새로운 척도의 시험이다.

주니어 테셋은 중학생 눈높이에 맞춘 경제이해력검증시험이다. 초등학교 6학년에서 중학교 3학년까지를 대상으로 한다. 고등학교 신입생도 포함한다. 학교 내신 성적이 다소 떨어지더라도 주니어 테셋을 통해 용인외고 민족사관고 등 명문고에 진학한 학생들이 있다. 경제 경영학을 꿈꾸는 중·고교생은 고교 생활기록부에 기재함으로써 대학 진학 시에 성적 활용이 가능하다.

국내에서 2009년 4회 테셋에서 고교생 부문 최우수상을 받았던 김민준 군(대구 대륜고)이 경제에 심취하다 보니 수학, 영어, 국어 등 다른 과목 성적도 덩달아 올라 EBS의 '공부의 왕도' 프로그램에 소개되기도 했다. 교육 전문가들은 "경제개념을 습득한 아이들은 어떻게 공부해야 효율적인지 일찍 깨닫는다."고 분석했다.

특히 특목고를 거쳐 상경계 대학에 진학하려는 학생들이 주니어 테셋에 응시해 좋은 성적을 받아 두면 진학에 도움이 된다. 실제 주니어 테셋에서 우수한 성적을 올린 학생들이 현대청운고, 용인외고 등 명문고에 합격한 사례들이 다양하다. 한국경제신문사는 경제, 경영학과를 꿈꾸는 중학생과 고등학교 신입생들을 위한 '주니어 테셋 경제 리더스 캠프'도 개최하고 있다.

## 역사
### 관계를 이해하고
### 종합하는 읽기를 하자

**03**

역사 인식의 중요성이 널리 퍼지고 있다. 올해 고1에 해당하는 2017학년도 대학수능시험부터 한국사가 필수 과목으로 지정되었다. 중학생들도 역사책 읽기나 역사 교과서 공부 방법에 충실해야 한다. 역사를 공부할 때는 '관계'와 '종합'에 치중해서 읽기를 하면 효율적이다. 무슨 말이냐 하면 역사는 정치, 경제, 사회, 문화 등 모든 생활에 대해서 인간에게 끼치는 영향을 공부하는 학문이다. 이것도 한 나라만이 아니라 다른 나라와의 관계 속에서 이해해야 하는 학문이기도 하다. 따라서 정치 분야로 예를 들면, 우리나라의 정치에서 정치주체, 정치기구의 관계를 알아야 하고 나아가서 고구려와 백제의 정치관계, 신라와 당나라의 정치관계를 파악해야 한다. 이러한 관계를 이해하면서 읽기를 해야 하고 이를 종합하는 능력이 절대적이다. 이것이 역사공부의 핵심이다. 역사는 모든 것이 관계로 시작해서 관계로 끝난다는 점을 잊지 말자.

이해하기 쉽게 교과서로 예를 들면 〈고구려의 성장과 발전〉 단원에서 '고구려의 성장'을 보자. 고구려가 성장하는 과정에서 국내적으로는 왕권과 귀족세력의 관계가 있다. 대외적으로는 중국과의 관계 그리고 남하정책을 추진하는 과정에서의 백제와 신라와의 관계이다. 큰 흐름에서 이러한 관계를 중심으로 읽어 나가면 역사의 이해 폭이 커진다. 관계 속에서 발생하는 역사적 사실을 이해하고 정리하는 것이 중요하다. 반복해서 읽으면서 작은 관계까지 정리해서 종합하면 역사관계가 더욱 긴밀해지고 짜임새가 있게 된다. 관계를 생각하면서 정리하면 다음과 같은 내용으로 관련된 내용을 종합할 수 있다.

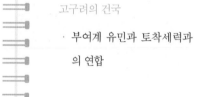

고구려의 건국
· 부여계 유민과 토착세력과
  의 연합

장수왕, 남하정책을 추진하다
· 남북조가 대립하는 상황에
  서 중국과 실리외교.
· 남하정책 - 백제와 신라 압박
· 만주지역 차지
· 5세기 말에 부여 복속

보다시피 주요 내용들은 모두 관계 속에서 이루어진다. 관계에 초점을 맞추어 읽다 보면 정리도 쉬워지고 이해도 빨리된다.

또 하나의 사례를 보자. 〈통일신라의 문화〉단원에서 '사상의 발달' 부분을 보자. 이 단원은 통일신라와 유학의 관계, 불교와의 관계를 이해해야 한다. 유교가 왜 통일신라의 정치이념이 되었고, 이때 등장한 유학자들 그리고 유학기관과 시험을 정리하면 된다.

불교도 마찬가지다. 불교의 대중화가 이루어진 배경, 대표적인 승려와 사상을 정리하면 된다. 이런 내용으로 관계를 종합할 수 있다.

마찬가지로 통일신라의 사상도 모두 관계에서 이루어진다. 통일신라와 긍정적인 관계 속에서 유교와 불교가 꽃을 피웠다.

- 유교가 왕에 충성하고 부모에 효도를 강조하였기에 정부차원에
  서 유교 육성
- 강수, 설총 등의 6두품 학자들과 왕과의 관계
- 국학과 독서삼품과

---

- 많은 승려들이 당에서 불교 공부
- 민족 통합 정책으로 불교 수용 → 대중화
- 원효와 의상의 사상 비교

이러한 관계를 기본으로 해서 교육부에서 강조하고 있는 10가지 학습 유형을 정리해 보았다. 이렇게만 준비하면 역사시험은 한 문제도 틀리지 않는다.

## 1) 기본적인 역사적 사실 알기

〈고려 귀족 사회의 형성과 변천〉 단원에서, 고려의 대외관계에 대한 기본적인 사실 알기이다. 예를 들면 삼별초의 대몽 항쟁은 고려의 대외 항쟁을 이해하기 위한 기본적인 사실이다. 고려는 몽골의 침입에 맞서 강화도로 천도하여 40년간 싸웠다. 고려 조정이 몽골과 강화하고 개경으로 천도할 것을 결정하자, 삼별초가 이를 거부하고 끝

까지 몽골에 항쟁한 사실이 있다.

## 2) 역사에서 중요한 용어나 개념 이해하기

〈조선 유교 사회의 성립과 변화〉 단원에서, 조선 후기의 제도 개편에서 나타나는 주요 용어인 대동법에 대해 이해하고 있어야 한다. 대동법은 조선 후기의 경제 발전과 사회 변화를 이해하는 데 필요한 핵심 용어다. 조선 정부는 지역마다 특산물을 공물로 납부하게 하였다. 특산물로 공물을 납부하면서 방납의 폐단이 생기게 되자, 조선 정부는 토지를 기준으로 하여 쌀이나 베, 동전 등으로 납부하게 하는 대동법을 실시하게 된다. 대동법을 시행하면서 정부는 공인을 통해 필요한 물품을 구입했으며, 그 과정에서 상품 화폐 경제가 발전하였다.

## 3) 역사적 사건의 흐름 파악하기

〈국제 질서의 변동과 근대 국가 수립 운동〉 단원에서, 동학농민운동의 흐름에 대한 이해를 묻고 있다. 동학농민운동의 흐름은 각 단계에서 일어난 주요 사건을 맥락에 따라 이해한다면 쉽게 파악할 수 있다. 즉 중요한 사건의 원인과 과정, 결과에 대해 전체적인 줄거리 중심으로 이해한다면 굳이 세부적인 시점을 외우지 않아도 풀 수 있다. 동학농민군은 청과 일본이 개입한다는 소식을 듣고 정부와 전주 화약을 체결한다. 하지만 일본이 청을 기습 공격하면서 청·일 전쟁이 일어났다. 동학농민군은 일본을 몰아내기 위해 다시 봉기해서 우금

치 전투를 벌이게 된다.

## 4) 역사적 상황 인식하기

〈우리 역사의 형성과 고대 국가의 발전〉단원에서, 선사시대의 대표적 유물들이 나온다. 신석기시대의 대표적 유물 중에 넓적한 돌 위에 둥근 돌을 올려 놓은 갈판과 갈돌이다. 이 돌들은 곡식을 가는 데 사용하였고 바닥이 뾰족한 빗살무늬토기는 곡식을 저장하거나 조리하는 데 사용했다. 이러한 유물들은 모두 신석기시대 농경생활과 관련이 있다.

## 5) 역사적 시대 상황 비교하기

〈고려 귀족 사회의 형성과 변천〉과 〈조선 유교 사회의 성립과 변화〉단원에서 단원 통합적 내용으로 고려와 조선의 가족 제도를 비교할 수 있다. 고려와 조선 사회를 비교할 때 가족제도가 사례로 이용되는 경우가 많다. 고려시대는 가족 내의 남성과 여성의 지위가 비교적 대등하였고, 재산도 아들과 딸에게 균등하게 상속되었다. 그러나 성리학을 통치 이념으로 삼은 조선이 건국되면서 가족제도에도 성리학적 질서가 적용되었다. 그 결과 재산 상속과 제사가 남성 위주로 변화하는 등 조선 중기 이후에는 부계 중심의 가족제도가 사회적으로 확산되기에 이른다.

### 6) 역사탐구에 적합한 방법을 찾아 탐구활동 수행하기

〈대한민국의 발전과 현대 세계의 변화〉 단원에서, 6 · 25 전쟁의 진행과 결과에 대한 탐구활동은 중요하다. 6 · 25 전쟁을 주제로 하는 수행 평가 보고서의 개요를 제시하고 수집해야 할 자료를 찾는 문제가 나올 수 있다. 이때 6 · 25 전쟁의 진행과 결과에 대해 탐구하기 위해서는 관련된 자료를 찾아야 한다. 인천상륙작전은 6 · 25 전쟁의 전세를 바꾼 중요한 사실이기 때문에 이에 대한 사진은 수행평가 보고서의 수집 자료로 적합하다.

### 7) 역사자료에 담긴 핵심 내용 분석하기

〈일제 강점과 민족 운동의 전개〉 단원에서, 대한민국 임시정부의 대일 투쟁은 꼭 알아야 한다. 3 · 1 운동 직후 상하이에서 수립된 대한민국 임시정부는 독립 운동의 구심점 역할을 담당하였다. 입법기관이었던 임시의정원이 신년 기념으로 찍은 사진이 있고, 대한민국 임시정부의 김구가 한인 애국단의 단원 윤봉길과 함께 찍은 사진도 있다. 충칭에서 창설된 한국광복군이 연합군의 일원으로 인도 방면에 파견되었을 때 찍은 사진도 봐 두어야 한다. 이러한 사진들은 모두 대한민국 임시정부의 활동을 보여 준다는 공통점을 가지고 있다.

### 8) 역사 분석을 통해 역사적 사실 추론하기

〈대한민국의 발전과 현대 세계의 변화〉 단원에서 그래프를 보고 국민소득 변화의 원인을 이해할 수 있어야 한다. 1970~1978년에 1인당 국민소득이 이전 시기에 비해 급속하게 증가하였고, 특히 1인당 국민소득이 1,000달러를 돌파하였다. 이 시기에는 경제개발5개년 계획으로 수출 산업을 육성하여 1인당 국민소득이 5배 이상 증가하는 등 급속한 경제 성장을 할 수 있었다.

### 9) 역사자료를 토대로 개연성 있는 상황 상상하기

〈일제 강점과 민족 운동의 전개〉 단원에서, 일제가 민족말살정책을 시행한 시기에 나타난  모습을 알아야 한다. 민족말살정책의 내용을 이해하고 그 상황에서 일어날 수 있는 일과 일어날 수 없는 일을 판단할 줄 알아야 한다. 전시 체제기에 일제는 우리 민족을 전쟁에 동원하기 위하여 민간의 한글 신문을 폐간하고, 우리말 교육을 금지하며, 일본식 성명을 강요하는 등 우리 민족을 말살하고자 하였다. '황국 신민 서사'는 일제에 대한 충성을 맹세하는 글로 이 시기에 억지로 외우게 하였다.

### 10) 역사 속에 나타난 주장이나 행위의 적절성 판단하기

〈국제 질서의 변동과 근대 국가 수립 운동〉 단원에서, 일본의 허구적인 독도 영유권 주장을 반박하는 근거를 역사 속에서 찾아 제시할 수 있어야 한다. 일본 내각회의 결정문은 1905년에 일본이 독도를 주인 없는 땅이라 주장하며 일본 영토로 편입시키고 있다. 일본의

무주지 선점 주장을 반박하기 위해서는 이미 주인이 있었다는 증거가 최선의 반박 논리가 된다. 이를 위해서는 독도가 우리나라 영토로 기록되어 있는 『삼국사기』, 『세종실록지리지』, 『신증동국여지승람』 등과 같은 사료를 검토해서 구체적 근거를 찾아보는 방안이 가장 적절하다.

# 한국사능력검정시험

한국사능력검정시험에 관심을 가져 보는 것도 좋다. 한국교육과정평가원이 발표한 한국사 예시문항은 대체적으로 쉽다고 평가되었다. 한국사능력검정시험으로 보면 중급과 유사한 수준이다. 그렇다면 한국사능력검정시험에서 출제되는 유형은 어떤 수준이고, 수능 한국사와 어떤 차이가 있을까?

한국사능력검정시험은 초·중·고급으로 나뉜다. 고급(1~2급)은 한국사 심화과정으로 대학교 전공과 교양 학습 수준이다. 중급(3~4급)은 한국사 기초, 심화 과정이 포함되며 중·고등학교와 대학교 기초 교양 수준이라고 보면 된다. 초급(5~6급)은 한국사 입문 과정으로 초등학교 심화와 중학교 기초 학습 수준이다. 고등학교 한국사를 이수한 학생이면 3급은 무난히 통과할 수 있는 수준이라는 게 일반적인 평가다. 중급

문제가 지문 자료를 직접적으로 제시한다면 고급은 사료나 그림 자료를 통해 유추하는 형태다. 고등학교 수업을 잘 따라오고 교과서를 충실히 공부하면 3급까지는 어렵지 않게 딸 수 있다.

수능 한국사 준비를 했다면 고급 정도는 가능하다고 볼 수 있다. 고급은 중급과 내용은 비슷하지만 심화문제가 출제된다. 중급이 객관적 사실이나 지식을 묻는 문항이 많이 출제된다면 고급은 여러 시대를 아우르는 깊이 있는 문항이 출제된다. 한국사능력시험은 수능에 비해 현재 실생활과 밀접한 문제가 많이 나온다. 예를 들어 우리나라 화폐에 등장하는 유물이나 인물 등 우리 생활에 관련 있는 소재를 중심으로 출제하는 것이다. 역사를 현재적인 관점에서 바라보며 과거의 사료나 데이터, 그림을 다양하게 활용하는 것이 특징이라고 볼 수 있다.

최근에 점점 한국사능력검정시험을 보는 학생들이 늘고 있다. 방과 후 보충수업으로 한국사능력검정시험 대비반이 개설된 중·고등학교도 많다. 특목고 학생들은 1~2학년 때 1급을 취득하는 경우도 많다. 예전에는 한국사를 선택하는 학생들이 적어 보충수업이 개설되지 않았는데 지금은 수요가 많다. 자격증이 있다고 학교생활기록부에 기록되거나 특별히 대학입시에 도움이 되는 것은 아니지만 역사를 좋아하는 아이들은 자기소개서에 자신의 관심사를 녹여 쓸 수 있는 스펙으로 생각하는 경우가 있다.

또한 한국사능력검정시험에 관심이 급증하는 것은 한국사가 취업에 직결되는 사회 분위기 때문이다. 2012년부터 한국사능력검정시험 2급 이상 합격자에 한해 안전행정부에서 시행하는 5급 국가공무원 공개경쟁 채용시험과 외교관 후보자 선발시험에 응시자격을 부여하고 작년부터 3급 이상 합격자에 한해 교원 임용시험 응시자격을 부여한다. 많은 기업에서 자격 조건화하거나 가산점을 주기도 한다. 이런 사회 분위기 속에서 한국사능력검정시험을 준비하면 수능 한국사 공부를 함께할 수 있어, 여건이 되면 한국사능력검정시험을 보는 것도 좋다는 것이 교사들의 설명이다.

과학 교과서의 절반은 인간을 둘러싸고 있는 자연현상
에 대해서 얘기한다. 여기에는 우리 주변에서 쉽게 볼 수 있는 현상
부터 과거에 일어났던 현상, 정밀기계를 가지고 관찰이 가능한 현상
까지 다양하다. 나머지 절반은 그러한 자연현상으로부터 만들어지
는 원리나 법칙을 설명한다. 이렇듯 과학은 자연현상을 연구하고 그
자연현상으로부터 원리와 법칙을 발견하고 찾아내는 학문이다. 우
리가 인지하고 있든 인지하지 못하든 우리가 접하는 수많은 현상들
은 대부분 과학적 원리와 법칙에 따라 움직인다. 이것만 잘 이해하고
정리하면 과학은 무난히 100점을 받을 수 있다.

예를 들면 우리가 사는 지구도, 힘과 운동과의 관계도, 식물에서
의 물과 양분의 이동도, 온도와 열도 모두 자연현상이다. 이해하기

쉽게 구체적으로 살펴보면 호수에 뜨는 무지개, 주전자에 물이 끓는 현상, 정전기, 육각형 벌집 등이 우리가 쉽게 볼 수 있는 과학적인 현상이다.

이런 이유로 과학을 공부할 때 무엇보다 현상에 관심을 가지고 읽는 것이 필요하다. 이러한 현상들에 관심을 가지기 위해서는 호기심이 바탕이 되어야 한다. 생활하면서 주변에서 일어나는 무수한 현상에 대해서 호기심을 가져야 과학에 흥미를 느낄 수 있다. 그러한 호기심은 관찰에서부터 시작한다. 사소한 현상이라도 관찰을 통해 '왜 이런 현상이 일어날까?'라는 의문을 가지면서 현상을 이해하고 원리를 파악해보자.

공부하는 학생들은 현상 → 호기심 → 관찰 → 이해의 과정을 거쳐 과학에 접근해야 한다. 이러한 과정을 생활화하는 습관이 필요하다. 돌덩어리는 우리 주변에서 흔히 볼 수 있다. 우리가 산이나 바닷가에 놀러갔을 때 도시에서는 볼 수 없는 다양한 암석들을 보게 된다. 예를 들면 바닷가에 갔을 때 채석강을 보면 흥미가 발동한다. 호기심이 생긴다. 생김새가 예사롭지 않기 때문에 유심히 본다. 관찰을 하게 되는 것이다. 만져 보기도 하고 사진도 찍는다. 집에 와서 채석강에 대해서 조사를 한다. 채석강이 퇴적암이라는 사실을 알고, 평행한 줄무늬가 층리라는 사실을 알게 된다. 이렇게 채석강을 통해서 퇴적암이 만들어지는 원리에 호기심을 가지게 되면 우리는 자연현상을 하나 알게 된 것이다. 퇴적암은 암석의 종류에 속한다.

## 과학공부를 잘하는 방법

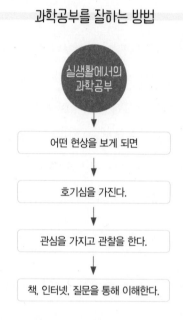

교과서를 읽을 때도 현상에 주목해서 읽으면서 원리와 법칙을 잘 파악해야 한다. 우리는 교과서에서 암석에 대해서 배운다. 암석은 돌덩어리이다. 교과서는 자연현상을 모아 놓은 하나의 거대한 지식의 집합체이다. 따라서 교과서를 읽으면서도 현상에 주목해야 한다. 대부분이 우리 주변에서 쉽게 볼 수 있거나 일어나는 현상이다. 이런 이유로 학생들이 현상 부분을 무시하거나 깊이 생각하지 않고, 원리나 법칙을 외우려고만 한다. 과학의 원리와 법칙을 무조건 암기하려

드는 것은 잘못된 과학공부법이다.

이러한 현상이 어떻게 일어났으며 어떤 과정을 거쳐 어떤 결과가 나왔는지에 대해서 관심을 가져야 한다. 1학년 과학 교과서에 〈지권의 구성과 순환〉 단원에서 '암석이란?' 주제가 나온다. 교과서를 읽다 보면 암석의 종류와 크기가 다양하다는 사실, 암석의 생성 과정, 암석들의 공통점과 차이점을 배운다. 당연히 채석강을 설명하는 내용과 사진도 나온다. 우리는 여기서 퇴적암이 만들어지는 원리, 화성암이 만들어지는 원리, 변성암이 만들어지는 원리를 읽고 잘 이해해야한다. 다시 강조하지만 과학공부의 기본은 놀러가서 먼저 보았든지, 교과서에서 먼저 보았든지 간에 하나의 현상을 보면 그냥 지나치지 않는 노력이 필요하다.

또 하나의 예를 들어 보면 여러분은 현실에서 서 있기도 하고, 걷기도 하고, 뛰기도 하고, 자동차가 달리는 것을 보기도 하고, 날아가는 새를 보기도 한다. 이것도 하나의 현상이다 .여기에도 과학이 숨어 있다. 위치, 속력, 시간, 운동 등이다. 과학 교과서의 〈여러 가지 운동〉 단원에서 '물체의 속력은 어떻게 나타낼까?'를 배운다. 이 주제에서는 야구에서 수비선수가 공을 잡기 위해 뛰어갈 때 위치와 운동에 대해서 질문하는 것으로 시작한다. 공이 날아가는 것, 선수가 달려가는 것, 시간에 따라 변하는 선수의 위치 등등이 모두 관련되어 있는 현상들이다. 즉 위치, 속력, 시간의 관계 속에서 운동이라는 개념을 이끌어낸다. 그래서 결국 물체가 움직일 때, 물체의 위치가 시간에 따라 변하는데 이런 현상을 운동이라고 정의한다. 여기서 그치지 않고 '속력=이동한 거리÷걸린 시간'이라는 공식까지 나온다. 하나의 법칙을 발견한 것이다. 이렇게 우리가 움직이는 현상에도 일정한 원리와 법칙이 있음을 알 수 있다. 모든 것은 하나의 현상에서 출발하고 설명하기 때문에 현상을 이해해야 원리와 법칙도 이해할 수 있다.

정리하면, 교과서를 읽어 가면서 이 단원에서는 이런 현상을 배우고, 이 현상의 특징은 무엇이고, 현상의 종류, 현상의 원인, 과정, 결과에 주목해야 한다. 그리고 이러한 현상에 어떠한 원리나 법칙이 담겨 있는지 정확히 이해해야만 한다.

### 현상을 이해하는 원리

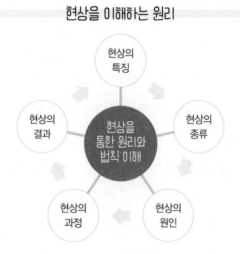

　　　　과학과 마찬가지로 사회도 현상을 다루기는 마찬가지다. 하지만 분야가 완전히 다르다. 과학이 자연현상을 다룬다면 사회 과목은 사회에서 발생하는 '사회와 인간관계'의 현상을 다룬다. 예를 들면 내가 사는 세계, 극한 지역에서의 생활, 인간에게 유리한 거주지역, 인구문제, 자연재해, 도시문제, 문화, 정치생활 등이다. 굳이 따지자면 사회도 기후, 지형 등 자연을 다루기도 하지만 여기에서 어떤 원리나 법칙을 발견하는 학문이 아니라는 점에서 과학과 다르다.

　　사회는 사회에 일어나는 현상과 그 현상에서 발생하는 문제를 해결하고자 노력하는 데 중점을 두는 학문이다. 구체적으로 예를 들면 열대우림지역 등 극한지역의 어려움을 딛고 적응해 가는 과정, 인구의 증가와 감소로 인해 발생하는 문제, 가뭄, 홍수, 태풍 등 자연재해 극복을 위한 노력, 다른 문화의 이질감 극복, 경제문제의 원인과 해결 등 주로 갈등해결에 초점을 두고 있다.

이해하기 쉽게 교과서의 내용을 예로 들어 보면 1학년 사회 〈열대우림지역에서의 생활〉 단원에서 '열대우림지역의 자연환경'을 배운다. 우리가 살고 있는 기후와는 다른 열대우림기후에서 나타나는 현상에 대해서 설명한다. 열대우림기후의 특색이나 모습 등을 통해 주민들의 어려움을 읽을 수 있다. 하지만 인간이 살기에 유리한 환경이 아니지만, 불리한 조건을 극복해 가는 과정을 설명해 주고 있다. 음식의 부패를 막기 위한 향신료 사용, 집을 지을 때 지면과 떨어지게 짓는 고상가옥 등 현실 극복을 위한 내용들이 나온다. 도시화와 함께 열대우림지역의 자연환경이 파괴되어 나타나는 문제점 등도 다룬다.

교과서 대부분의 단원이 이렇게 사회, 자연현상과 인간과의 관계에 대해서 설명하고 있다. 그리고 궁극적으로 사회에서 일어나는 여러 문제점으로 인한 갈등을 극복해 가는 과정이다. 따라서 사회공부를 할 때 현상과 문제점, 극복 과정을 중심으로 흐름을 놓치지 말고 읽어야 한다. 노트정리도 이러한 흐름과 구조에 맞추어 정리하면 큰 틀이 보이면서 사회공부가 수월해진다.

학생들을 살펴보면 역사에 관심 있는 학생들은 역사책을 즐겨 읽는다. 과학도 마찬가지다. 과학에 흥미가 있는 학생들이 있다. 이 학생들은 과학 분야의 책이나 실험을 좋아한다. 하지만 사회는 다르다. 사회 과목에 관심 있고 사회를 좋아한다는 학생은 거의 보지 못했다. 공부 잘하는 학생이나 못하는 학생이나 사회 과목은 즐거운 과목이라기보다는 그저 어쩔 수 없이 해야만 하는 과목으로 인식되고 있다. 그 정도로 사회는 애매한 위치에 있다. 어떻게 보면 인간 주위에서 벌어지는 현상의 문제를 해결하고자 하는 가장 중요한 학문임에도 불구하고 이러한 위치에 있는 것이 안타깝기도 하다.

따라서 사회를 공부할 때는 사회와 관련하여 벌어지는 현상을 놓치지 말고 읽고, 그 현상 속에서 어떤 문제점이 있고 어떻게 해결해야 하는지 살펴서 읽고 정리해 나가야 한다.

# 사회 · 역사공부와
# 노트정리

    수업시간에 필기를 하거나 또는 스스로 노트를 정리해 놓고 보지 않는 학생들이 의외로 많다. 그러면 필기나 정리해 놓은 의미가 없다. 대개 노트정리를 한 번 하고 마는데 그렇게 하지 말고, 한 번 더 요약하는 방법으로 정리를 하면 좋다. 그러니까 두 번 요약하는 셈이다. 노트정리할 때 처음부터 왼쪽 페이지에만 정리한다. 오른쪽 페이지는 남겨 둔다. 오른쪽 페이지에 한 번 더 정리하기 위해서다.

**〈노트정리 활용의 예〉**

| | |
|---|---|
| 왼쪽 페이지에만 정리해 나간다. | 오른쪽 페이지는 비워 둔다.<br>시험 대비용으로 이 페이지에 한 번<br>더 오른쪽 페이지의 내용을 요약한다. |

요약하는 방법을 알아보자. 사회 과목에서 '재생에너지' 부분의 내용을 다음과 같이 요약 정리해 놓았다.

재생에너지

1) 의미 : 자연으로부터 얻을 수 있는 에너지 중 고갈되지 않고 순환되는 에너지
   → 지역의 자연환경 특성이 개발과 이용에 많은 영향을 끼침

2) 종류 ① 태양에너지 : 태양광 → 전기에너지 / 태양열 → 물 가열 → 증기발전
       무공해 에너지. 어디서나 이용 가능. 일사량 많은 곳 유리
   ② 풍력에너지 : 바람의 운동 에너지 → 전기, 청정에너지
   ★ ③ 조력, 조류에너지 : 조력) 조석간만의 차가 큰 지역 유리
       조류) 바닷물의 유속이 빠른 지역 유리
   ④ 바이오에너지 : 생물체 직접 태우거나 동물의 배설물 및 사탕수수, 옥수수 등의 식물 분해하여 얻은 에너지

주기적으로 복습하면서 아는 내용이 많아지면 시험 대비용으로 다음과 같이 한 번 더 요약해 본다. 반복되거나 불필요한 내용을 최대한 줄이면서 요약한다.

재생에너지

1) 자연으로부터 얻음. 고갈되지 않고 순환

 → 지역의 자연환경이 개발, 이용

2) ① 태양: 광→전기 / 열→ 물 가열 → 증기 발전. 무공해. 어디

　　　서나 이용. 일사량

 ② 풍력 : 바람의 운동 → 전기, 청정

 ☆③ 조력 : 조석간만의 차

　　조류 : 바닷물의 유속

 ④ 바이오 : 생물체 태움. 동물의 배설물. 사탕수수, 옥수수 식물

　　분해

이번에는 역사 과목을 보자. 〈조선 후기 수공업과 광업의 발달〉 단원
의 내용을 요약한 것이다.

조선 후기 수공업과 광업의 발달

1) 수공업 : 배경 - 양난 이후 관청수공업의 쇠퇴

　　　　　성장- 대동법 실시 - 공인 등장 - 나라에 조달할 물품

　　　　　을 민간수공업자에게 제작하게 함

2) 광업 : 배경 - 수공업 발달에 따른 광산물의 수요 증가

　　　　　전개 - 17세기 이후 민간에게 광산개발 허용 → 세금 징수

　　　　　청과의 교역확대로 은광, 금광개발 활기

　　　　　광산개발로 이익 거두는 경우 증가. 금, 은 등의 광물을

　　　　　몰래 채굴하는 잠채 성행

시험이 다가오면서 위의 요약한 내용을 다음과 같이 한 번 더 요약했다.

조선 후기 수공업과 광업의 발달

1) 수공업 : 양난 이후 관청수공업 ↓. 대동법. 공인 - 나라 조달

　　　　　물품 민간수공업자 제작

2) 광업 : 수공업 발달 → 광산물 수요 ↑

　　　　　17세기 이후 민간 광산 개발 허용 → 세금 징수

　　　　　청과의 교역확대 → 은광, 금광 개발

　　　　　광산개발로 이익 ↑. 금, 은 등 광물 몰래 채굴 잠채 성행

이렇게 정리해 놓은 내용은 반복해서 읽으면서 완전히 외우도록 하자.

# 읽기 능력은 과거 성적을 바꿀 수 없지만 미래 성적은 바꿀 수 있다

역사를 가르치면서 중학생, 고등학생 두 아이를 키우는 엄마가 요 즘 학생들과 책읽기에 대해서 이렇게 얘기를 했다.

"요즘 학생들은 만들기를 해도 설명서 자체를 안 읽어요. 그냥 무 작정 만들어 나가요. 초등학생이나 중학생이나 똑같아요. 설명서나 책을 읽어서 정보를 수집하는 세대가 아닌 거예요. '왜?'라는 질문도 안 하고 스마트폰과 같은 영상에만 너무 노출되어 있어요. 특히 학습 만화가 많아져서 말풍선에 익숙해요. 그러다 보니 빨리빨리 읽는 요 령만 생기고, 지식은 얇으면서 넓지만 깊이는 없어요. 상을 받기 위 해서 독서목록은 많이 올리는데 실제 제대로 책을 읽지는 않죠."

이 선생님은 중·고등학생 두 자녀를 학원에 보내지 않고 집에서 함께 책을 읽는다. 엄마가 낭독해 주고 함께 책 읽고 토론을 한다. 고전 완역본의 경우에는 일주일에 한 권 정도 읽히고, 단편소설은 하루에 한 편 읽힌다고 한다. 책읽기와 국어가 얼마나 소중한지 알고 함께 실천하는 가족이다. 책뿐만 아니라 교과서 읽기 방법도 알고 싶다며 필자의 책이 빨리 나오기를 기대한다고 했다.

초등학교는 읽기고, 중학교는 읽기 능력을 갖춰야 한다. 읽기 능력을 키우지 못하면 꿈과 목표가 흔들리고 성적은 곤두박질친다. 단순한 읽기로는 성적을 올릴 수 없다. 이 책에서 제시한 읽기 방법을 통해 읽기 능력을 향상시키면 미래 성적은 얼마든지 바꿀 수 있다. 책읽기 방법과 교과서 읽기 방법을 알고 싶은 학생은 주저하지 말고 이 책을 정독하고 필요한 내용은 몇 번씩 반복해 읽으면서 실천을 해 보자. 머지않아 읽기 능력의 고수가 될 것이다.

신성일

읽기능력이
중학교
성적을
좌우한다